欧州付加価値税の論点

European Value Added Tax

明治学院大学経済学部教授
西山 由美 [著]
Yumi Nishiyama

日本法令

はしがき

　私の消費税との出会いは、大学院の指導教授であった木村弘之亮先生の「ティプケ・ラングの租税法」と一般に呼ばれる、ドイツの代表的な租税法教科書の外書講読の授業である。そこで、木村先生からドイツ売上税（付加価値税）の父と呼ばれるポーピッツの業績と悲劇的な最期の話を伺い、欧州における100年の消費税の歴史の光と影に感銘を受けた。

　現在のEU域内の付加価値税は、「EU付加価値税」と呼ばれることが多い。しかしながら本書では、EU設立前の付加価値税やEUを離脱した英国の付加価値税にも言及することから、「欧州付加価値税」と表記することとした。

　2005年から翌年にかけて、当時勤務していた東海大学より在学研究の機会をいただき、「付加価値税の母国で本格的に学ぼう」と意気揚々とドイツ・ハンブルクに乗り込んだところ、多くの税の専門家から「ここで何を学ぶのか」と半ばあきれられた。その理由がドイツの消費税が"kaputt（ぶっ壊れている）"だからと言うのである。その頃、ドイツの売上税では「カルーセル」と呼ばれる脱税スキームや軽減税率のあり方が問題になっていた。

　脱税スキームについてハンブルク検察庁にヒアリングに行ったところ、担当検事から「一味は、変名と変装をしながら次々に実体のない会社をつくって商品を域内で回している組織犯罪集団だ」と説明を受けた。また、軽減税率適用項目が増えても減ることがないことについて、ハンブルク商工会議所の売上税担当者によれば、「軽減税率のいくつかには合理性がないことは理解している。それでも、今さら軽減税率を撤廃することになれば暴動が起こる」とのことであった。

　EU域内の付加価値税を学ぶことで、日本の消費税にとって有意なヒントが得られるであろうという目論見が外れたのだが、ハンブルクでの研究を支援してくださったJan Grotheer博士（当時のハンブル

i

ク財政裁判所長官）と Gerrit Frotscher 教授（当時のハンブルク大学国際租税研究所（IIFS）所長）より、「ドイツや欧州の付加価値税の失敗を多く学んで、日本の消費税制度に生かしなさい」と励まされた。

　日本の消費税は、他の国の消費税と同様、欧州付加価値税を手本にしていることに間違いはない。それゆえ、日本で消費税制度を考えるとき、「消費税の母国の欧州でもそうだから」とされることがしばしばある。確かに、欧州での1世紀を越える消費課税の歴史の中で、さまざまな問題が生じ、それに対して研究者が緻密な議論をし、加盟国の国内裁判所でも欧州司法裁判所でも真正面から判断を示してきた。そこで本書の目的は、「欧州付加価値税の制度をコピーするのではなく、日本の消費税にとって重要な論点について、欧州ではそれにどのように対処してきたのか、あるいは検討中なのか」を考えていくものである。

　このように、私の欧州付加価値税研究の始点がドイツ売上税であることから、本書ではドイツ売上税の言及が多くなっている。これに対して、フランス付加価値税専門家の視点からすれば、「付加価値税の父はモーリス・ローレであり、欧州付加価値税はフランス生まれだ」ということになるであろう。英国もまた、EU離脱をしたものの、判例法の国として、付加価値税に関する多くの重要判例を集積してきたという自負があろう。あるいは、世界各国の財政の視点から付加価値税の研究と実践に尽くしたという意味で、カール・シャウプこそ付加価値税の産みの親であるともいえる。今後、日本の消費税の重要性がますます高まる中で、諸外国あるいは諸地域の視点から、消費税の研究が広がり、深まることを願うところである。

　本書でドイツ売上税に比重が置かれている点については、次の事実からお許しいただきたいと思う。第一に、ドイツ売上税法がEU域内の共通ルール（付加価値税指令）を加盟国の中で最も忠実に守っていることである。第二に、以前、欧州司法裁判所判事の付加価値税に関する講演を聴いたとき、「付加価値税事案の付託件数はドイツが一番で、我々のお得意様だ」と言っていたことである。単なるリップサー

ビスかもしれないし、私自身でも数えたことはないが、感覚的にはドイツから付託されたケースは多いように感じる。ただし、最近は新規加盟国（旧東ヨーロッパ諸国）から付託されるものが目立っているようにも思う。国内法と付加価値税指令の不整合が原因かもしれない。

　本書は、400条を優に超える付加価値税指令を体系的かつ網羅的に検討をしているものではない。「日本の消費税にとって重要な論点」にのみ絞って考察をした。具体的には、消費課税における基本原則、「事業・事業者」の概念、仕入税額控除、越境取引に対する課税手法、中小事業者問題、税率問題、脱税問題、コンプライアンスコスト問題である。取り上げていない論点、あるいは実務家でないために見落としている論点もあると思う。これについては、さらに研究を進め、実務家との交流を通して、今後補っていきたい。

　消費税研究を通して、多くの先生方の教えを乞うことができた。大学の学部と大学院を通して、木村弘之亮先生には厳しくも温かいご指導をいただいた。私の世代は、金子宏先生と清永敬次先生の両先生から直接ご指導いただけた幸運な世代である。金子先生からは消費税研究の重要性について折に触れて励ましをいただき、清永先生は「ティプケ・ラングの租税法」の拙訳を丁寧に添削してくださった。本格的に法学研究に集中する環境を得られたのは、山田二郎先生より東海大学法学部専任教員の道を強く勧めていただいたおかげである。卒寿を過ぎられた山田先生が、研究会や学会にオンラインで参加され、積極的に発言されるお姿から学ぶことは多い。学部時代にドイツ語のご指導をいただいた菊池雅子先生は、今でもご自宅にお訪ねしており、女性研究者としてのあり方をいつも学ばせていただいている。また、西オーストラリア大学のRichard Krever教授には、海外で付加価値税を研究するに際しての手法や作法について、いつも的確な助言をいただいている。ハンブルク財政裁判所元判事のMrs. Elisabeth Birkeと夫君のDr. Reinhold Birkeには、慣れないハンブルクでの生活を公私にわたって支えていただいた。退職後にライプチヒ（ポーピッツの故郷）に移住したご夫妻は、今でもさまざまなポーピッツ情報を送って

くださる。

　本書の刊行にあたっては、株式会社日本法令の編集者である竹渕学氏の強力かつ寛容な支援なくしては実現しなかった。竹渕さんには、月刊誌連載のときの担当編集者としてお世話になったのち、欧州付加価値税に関する書籍出版を強くお勧めいただいていた。当初の出版予定から大きく遅れたことへのお詫びとともに、粘り強く本書の出版を支援してくださったことに対して、深く感謝を申し上げる。

　最後に私事で恐縮ではあるが、大学での研究・教育・学内行政および学外活動を心身ともに安定してこなしてこられたのは、家族の理解と協力のおかげである。日本の消費税と同い年の息子は、コロナ禍の中で父親となった。孫娘は、22世紀を高齢者として迎えることになるが、その時の日本の財政が消費税によって安定かつ力強く支えられていることを切に願うところである。

　　2024年11月
　　明治学院大学白金校舎研究室にて

　　　　　　　　　　　　　　　　　　　　西山　由美

CONTENTS

第1章 欧州付加価値税の基礎 ―制度と沿革

I 付加価値税共通ルールの策定と域内共有……2
❶ 付加価値税指令……2
(1) 現行付加価値税指令の構成／2
(2) 付加価値税指令の意義と機能／6
(3) 付加価値税指令がめざす「最終制度」／7
(4) 付加価値税指令の補強―施行規則／8
❷ 欧州司法裁判所の役割……9
(1) 欧州司法裁判所の管轄／9
(2) 先決裁定の機能と効果／10
❸ 付加価値税指令の沿革……11
(1) 仕入税額控除なき制度―1918年から1967年まで／11
(2) 第2付加価値税指令／15
(3) 第6付加価値税指令／17
(4) 国境管理撤廃と2006年付加価値税指令／18
❹ 現行付加価値税制度の課題……19

II 欧州付加価値税の基本原則……21
❶ EUの一般原則と付加価値税の基本原則……21
❷ 中立原則……22
(1) 付加価値税指令における中立原則／22
(2) 欧州司法裁判所判決における中立原則／24
(3) 中立原則の複合性／25
(4) 「中立原則」と「平等原則」の関係／26
❸ 仕向地原則……27
(1) 仕向地原則の意義／27

v

(2)　物品の域内取得と輸入／29
　　(3)　サービスの越境取引の考え方／30
　　(4)　消費地原則によるサービスの越境取引ルール／32
　　(5)　原則ルールの調整—「効果・便益ルール」／33
　4　法の濫用禁止原則……………………………………………35
　　(1)　「法の濫用」とは／35
　　(2)　「Halifax事件」／35
　　(3)　法の濫用禁止原則の謙抑的な運用／38
　　(4)　「租税特典」を得るための「税負担調整行為」／40
　5　小　　　括…………………………………………………………41

第2章　課税対象と納税義務者
　　　　　　—付加価値税における「事業」

Ⅰ　「事業者」と「経済活動」……………………………………44
　1　課税対象と納税義務者に関する付加価値税指令の内容………………………………………………………44
　2　「経済活動を独立して行う」の意味………………46
　3　「対価」の意味……………………………………………47
　4　活動の反復継続性………………………………………49
　5　事業者概念の拡張………………………………………52
　6　違法取引……………………………………………………55
　7　小　　　括…………………………………………………57

Ⅱ　課税取引………………………………………………………59
　1　「物品の提供」と「サービスの提供」……………59
　2　「処分権の移転」の意味………………………………62
　3　特殊な取引…………………………………………………63
　　(1)　仲介取引／63
　　(2)　旅行代理業／64

vi

(3)　中古品等販売取引／65
　　4　小　　　括……………………………………………65

Ⅲ　中小事業者………………………………………………67
　　1　中小事業者への配慮…………………………………67
　　2　小規模事業者…………………………………………69
　　3　中規模事業者…………………………………………71
　　4　小　　　括……………………………………………74

第3章　仕入税額控除

Ⅰ　請求権としての仕入税額控除……………………………76
　　1　完全かつ即時の控除…………………………………76
　　2　法廷闘争による仕入税額控除権の獲得……………78
　　3　仕入税額控除の重要性………………………………80
　　4　仕入れと売上げの関係………………………………82
　　5　仕入税額の按分………………………………………86
　　6　仕入税額の事後調整…………………………………87
　　7　小　　　括……………………………………………89

Ⅱ　仕入税額控除と非課税取引………………………………90
　　1　非課税制度のジレンマ………………………………90
　　2　非課税による仕入税額控除遮断の対応……………93
　　　(1)　オプション制度／93
　　　(2)　付加価値税グループ制度／96
　　　(3)　コストシェアリング制度／99
　　3　小　　　括……………………………………………102

Ⅲ　仕入税額控除とインボイス………………………………102

vii

- **1** 仕入税額控除の入場券としてのインボイス………102
- **2** インボイスの必須記載項目……………………………104
- **3** 簡易インボイス…………………………………………108
- **4** 付加価値税番号の意義と機能…………………………109

第4章　越境取引

I　越境取引の基本ルール……………………………………114
- **1** 越境取引の現状…………………………………………114
- **2** 物品取引…………………………………………………115
- **3** サービス取引……………………………………………117
  - (1) BtoB取引とBtoC取引／117
  - (2) 電信・放送・デジタルサービス／119

II　越境取引における仕向地原則……………………………121
- **1** 仕向地原則と原産地原則………………………………121
- **2** 税務代理人………………………………………………122

III　域内越境取引における特徴的な制度……………………122
- **1** 固定的施設（FE）………………………………………123
  - (1) FEとは何か／123
  - (2) 倉庫はFEか／129
- **2** リバースチャージ方式…………………………………129
- **3** 三角取引課税……………………………………………130
  - (1) 三角取引課税の概要／130
  - (2) 三角取引課税の関係規定／132

IV　越境取引課税の課題………………………………………134

COLUMN　伝統的付加価値税と現代的付加価値税............137

第5章　個別問題

I　税率構造............140
1　付加価値税率の現状............140
2　軽減税率導入の理由と問題点............144
3　軽減税率適用をめぐる具体的事例と裁判例............145
4　軽減税率をめぐる論点の整理............155
5　複数税率構造の下での制度のあり方............157
(1)　税率構造をめぐる諸原則／157
(2)　軽減税率に対するOECDの評価／158

II　脱税問題............159
1　脱税の現状............159
2　VATギャップへの対応............160
3　脱税スキーム............164
(1)　典型的な脱税スキーム／164
(2)　脱税スキームの進化／167
4　付加価値税の脱税をめぐるEUと各加盟国の関係............168
(1)　tax fraud か、tax evasionか／168
(2)　EU財政との関係／169
5　脱税への対策............170
(1)　現行付加価値税制度と最終付加価値税制度／170
(2)　欧州委員会行動計画／172
(3)　政府間情報ネットワーク「ユーロフィスク」／174
(4)　緊急対応メカニズム／175
(5)　脱税対策に関する最近の研究／177

Ⅲ　コンプライアンスコスト……………………………178
1　コンプライアンスコストに注目する背景…………178
2　コンプライアンスコストの範囲………………………181
3　1970年代から2010年代までのコンプライアンスコスト研究………………………………………183
4　「欧州委員会報告書」（2022年）………………………183
(1)　調査の概要（量的調査）／185
(2)　調査の概要（質的調査）／192
(3)　「欧州委員会報告書」の結論／193
5　コンプライアンスコストを高める要因と対応……194

結びにかえて………………………………………………198

凡　　例

◆法令・指令等

　本書においては、以下の法令、指令、条約等について、本文中において下記のように表記する。

正式名称	本文	かっこ内・脚注内
Treaty of European Union	EU条約	EU条約
Treaty on Functioning the European Union	EU機能条約	EU機能条約
Council Directive 2006/112/EC of 28 November 2006 on the common system of value added tax	付加価値税指令※	指令
First Council Directive of 11 April 1967 on the harmonisation of legislation of Member States concerning turnover taxes	第1付加価値税指令	第1指令
Second Council Directive of 11 April 1967 on the harmonisation of legislation of Member States concerning turnover taxes structure and procedures for application of the common system of value added tax	第2付加価値税指令	第2指令
Sixth Council Directive of 17 May 1977 on the harmonization of the laws of the Member States relation to turnover taxes – Common system of value added tax: uniform basis of assessment	第6付加価値税指令	第6指令
Council Implementing Regulation (EU) No. 282/2011 of 15 March 2011	付加価値税指令施行規則	指令規則

※本書では、[Annacondia 2023] 中の付加価値税指令規定を用いている。

◆参考文献

1　第1章から第5章まで共通の外国語文献（降順）

正式名称	脚注での略号
Johann Bunjes & Reihold Geist, *Umsatzsteuergesetz Kommentar*, 22.ed., (C.H.Beck, 2023)	[Bunjes, Geist 2023]
Fabiola Annacondia & Irene H.Moreno ed., *EU VAT Compass 2023/2024* (IBFD, 2023)	[Annacondia 2023]（※脱稿後に2024年版刊行）
Ben Terra & Julie Kajus, *A Guide to the European Directives*, Volume 1 (IBFD, 2023)	[Terra 2023]（※脱稿後に2024年版刊行）
Dieter Birk, *Steuerrecht* (C.F.Mülle, 2023)	[Birk 2023]
The European Commission, *VAT Gap in the EU* (2023)	[the European Commission 2023]
OECD, Consumption Tax Trends 2022	[OECD 2022]
Klaus Tipke & Joachim Lang, *Steuerrecht*, 24Aufl. (Otto Schmidt, 2021)	[Tipke, Lang 2021]
Roman Seer et al., *Steuerrecht*, 24ed. (Otto Schmid, 2021)	
Robert F. van Brederode ed., *Virtues and Fallacies of VAT: An Evaluation after 50 Years* (Wolter Kluwer, 2021)	[van Brederode 2021]
Ad van Doesum et al., *Fundamentals of EU VAT Law*, 2.ed. (Wolters Kluwer, 2020).	[van Doesum 2020]
Spies Karoline, Permanent Establishments in Value Added Tax (IBFD, 2019).	[Spies 2019]
UmsatzsteuerForum e.V. & Bundesministerium der Finanzen, *100 Jahre Umsatzsteuer in Deutschland 1918-2018* (Otto Schmidt, 2018)	[UmsatzsteuerForum 2018]
Michael Lang et al. ed., *CJEU-Recent Developments in Value Added Tax 2017* (Linde, 2018)	

OECD, *International VAT/GST Guideline* (OECD Publishing, 2017)	[OECD, International VAT/GST Guidline 2017]
OECD/Korea Institute of Public Finance, *The Distributional Effects of Consumption Taxes in OECD* (OECD, 2014)	[OECD. Korea Institute of Public Finance 2014]
Oskar Henkow, The VAT/GST Treatment of Public Bodies (Wolter Kluwer, 2013)	
The Mirrlees Review: Dimensions of Tax Design (Oxford University Press, 2010)	[Mirrlees 2010]
The Mirrlees Review: Tax by Design (2010)	
Werner Widmann, UmsatzsteuerForum – ein Vierteljahrhundert wissenschaftliche Pflege des Umsatzsteuerrechts, in:Hans Nieskens ed., *Deutsche Umsatzsteuer im europäischen Kontext*	[Widmann 2008]
Richard Krever & David White, *GST in Retrospect and Prospect* (Thomson Brookers, 2007)	[Krever & White 2007]
Liam Ebrill et al., The Modern VAT (International Monetary Fund, 2001)	
Holger Stadie, *Das Recht des Vorsteuerabzugs* (Otto Schmidt, 1989)	[Stadie 1989]
Alan A. Tait, *Value Added Tax: In1ternational Practice and Problems* (International Monetary Fund, 1988)	[Tait 1988]

2 第1章から第5章まで共通の日本語文献（降順）

正式名称	脚注での略号
森信茂樹『日本の消費税：社会保障・税一体改革の経緯と重要資料』（中央経済社、2022）	
中西優美子『EU司法裁判所概説』（信山社、2022）	[中西 2022]
佐藤英明・西山由美『スタンダード消費税法』（弘文堂、2022）	
溝口史子『EU付加価値税の実務』（中央経済社、第2版、2020）	

山元俊一『デジタル化社会における消費税の理論と実務：インボイス方式への対応』（ぎょうせい、2020）	
林幸一『EU付加価値税の研究―わが国、消費税との比較の観点から―』（広島大学出版会、2020）	
庄司克宏『新EU法 基礎篇』（岩波書店、2013）	［庄司 2013］
プライスウォーターハウスクーパース・天野史子『欧州付加価値税ハンドブック：27カ国のVAT税制と実務問題』（中央経済社、2009）	
カール・S.シャウプほか編（下条進一郎訳）『間接税で何が起こるか：付加価値税導入の教訓』（日本経済新聞社、1988）	［シャウプ 1988］
ジョルジュ・エグレ（荒木和夫訳）『付加価値税』（白水社、1985）	
P. B. Warren（成瀬満春訳）『英国付加価値税』（東洋書店、1975）	

3　筆者論文（初出、本書テーマに関する2013年以降のもの）

第1章	「デジタル経済と消費課税―シェアリングエコノミーを中心として―」租税研究875号258頁（2022）
	「ドイツ売上税法100年の足跡」税法学586号467頁（2021）
	「消費税と憲法―ドイツ憲法からの考察」税研31巻3号25頁（2015）
	「消費課税の基本原則―『中立原則』の意義」税理57巻3号104頁（2014）
	「消費課税システムにおける『税額転嫁』」税理57巻1号105頁（2014）
第2章	「消費課税における中小事業者―消費税の性質論を基礎として―」早稲田法学95巻3号583頁（2020）
	「公益法人等の活動に対する消費課税とその課題」税研35巻2号62頁（2019）
	「資産の概念」金子宏・中里実編『租税法と民法』54頁（有斐閣、2018）
	「金融サービスに対する消費課税」論究ジュリスト24号217頁（2018）
	「消費課税における『事業者』と『消費者』―フェアネスの視点からの考察―」税法学537号209頁（2015）

	「中小企業と消費課税（Ⅱ）―今後の小規模事業者制度と簡易課税制度」税理57巻9号129頁（2014）
	「中小企業と消費課税（Ⅰ）―中小企業をめぐる現状」税理57巻6号84頁（2014）
	「金融セクターに対する消費課税―非課税と仕入税額控除の不整合への対応」金子宏・中里実・J.M.ラムザイヤー編『租税法と市場』298頁（有斐閣、2014）
	「『事業者』の範囲」税理56巻3号113頁（2013）
	「『資産の譲渡等』の範囲」税理56巻1号113頁（2013）
第3章	「インボイス制度の実施とその将来像」ジュリスト1588号29頁（2023）
	「EU域内のインボイスの課題」税研37巻4号16頁（2021）
	「インボイスの機能と必須記載事項―欧州司法裁判所の最近の判例を踏まえて―」税研33巻5号54頁（2018）
	「消費課税におけるインボイスの機能と課題―EU域内の共通ルールと欧州司法裁判所判例を素材として―」中央大学法学新法123巻11・12号119頁（2017）
	「仕入税額控除」日税研論集70巻465頁（2017）
	「消費税の税率構造とインボイス―伝統的消費税と現代的消費税からの示唆―」税理59巻5号2頁（2016）
	「仕入税額控除（Ⅱ）―タックス・インボイスの機能と内容」税理56巻14号113頁（2013）
	「仕入税額控除（Ⅰ）―その法的性質と実体要件」税理56巻11号88頁（2013）
第4章	Yumi Nishiyama & Richard Krever, The Digital Economy Challenges to the Japanese Consumption Tax, in: Yan Xu ed., *VAT in the Digital Era*（Oxford University Press, 2024）, p.116.
	「越境取引と消費税」租税法研究49号41頁（2021）
	「デジタル経済に対するBEPS行動計画―消費課税への影響をめぐって―」明治学院大学法と経営学研究所年報1号51頁（2019）
	「消費課税―国境を越えるデジタル取引をめぐって」金子宏監修『現代租税法講座（第4巻）国際課税』第15章（日本評論社、2017）

	「消費税法における要件事実論」伊藤滋夫・岩﨑政明編『課税訴訟における要件事実論の展開』382頁（青林書院、2016）
	「デジタル化社会における消費課税の新たな手法」税務弘報63巻5号48頁（2015）
	「デジタル化社会における消費課税―国際課税DGによる制度案の検討」税理57巻14号94頁（2014）
第5章	「国際的視点からみる日本の消費税―グローバル化・デジタル化の対応」明治学院大学法と経営学研究所年報6号1頁（2024）
	「消費税の軽減税率」法学教室469号49頁（2019）
	「消費課税をめぐる国際状況―OECDの最近の報告書をてがかりに―」租税研究842号41頁（2019）
	「複数税率が生む問題解消を」日本経済新聞2019年9月26日朝刊・経済教室欄
	The Collaborative Economy and VAT/Consumption Tax, Zeitung für Japanisches Recht Nr.47, p.52（2019）
	「シェアリングエコノミーに対する消費課税」租税研究828号125頁（2018）
	「消費課税と脱税」木村弘之亮先生古稀記念論文集編集委員会編『公法の理論と体系思考』189頁（信山社、2017）
	Latest Changes to the Japanese Consumption Tax: Rate Increase and Taxation of Digital Services, World Journal of VAT/GST Law Vol.3 Nr.2, p.108（2014）
	「消費税のコスト―徴税コストとコンプライアンス・コスト」税理57巻11号88頁（2014）
	「デジタル・サービスに対する消費課税の新ルール」税経通信69巻7号24頁（2014）
	「『税率』の構造（Ⅱ）―軽減税率に関するドイツの鑑定書」税理56巻8号69頁（2013）
	「『税率』の構造（Ⅰ）―食料品に対する軽減税率」税理56巻6号161頁（2013）

第1章

欧州付加価値税の基礎
──制度と沿革

> 「消費税によって財政のしなやかな鉄骨構造ができあがる。これは、時代の経過とともに、努力の積み重ねによって、補強されていくべきものである。」
>
> グラフ・フォン・レーデルン（1918年）

本章のポイント

○欧州付加価値税の最終目標は、EU域内の統一付加価値税の実現である。しかしながら、その目標は達成されないまま、暫定制度が継続している。

○暫定制度の下では、共通ルールの存在と各加盟国による共通ルールの解釈の共有が不可欠である。その共通ルールが、2006年付加価値税指令であり、指令の解釈の共通化の機能を果たすのが欧州司法裁判所の先決裁定である。

○現在の付加価値税は、第一次世界大戦の戦費調達のためにドイツとフランスで導入された売上税／取引高税を嚆矢とする。当初の仕組みは、仕入税額控除の導入、越境取引に関するルールの整備など、進化を遂げてきた。

○欧州付加価値税制度を支える基本原則は、「中立原則」、「仕向地原則」および「法の濫用禁止原則」である。

I 付加価値税共通ルールの策定と域内共有

1 付加価値税指令

(1) 現行付加価値税指令の構成

まずは、EU域内の付加価値税共通ルールとしての現行の付加価値

税指令[*1]の構成をみていこう。

現行の付加価値税指令は、EUの立法および政策策定機関である理事会（the Council）[*2]により、2006年11月28日付で出された。これは、それ以前の指令（1977年第6付加価値税指令）が抜本改定されたものである。

この2006年の付加価値税指令は、その後も部分的改定が重ねられており、それらは、下記のEUR-Lexサイトで確認できる[*3]。

URL https://eur-lex.europa.eu/legal-content/EN/TXT/?uri=CELEX%3A02006L0112-20240101

現行付加価値税指令[*4]の本文と別表の構成は、以下のとおりである。

第1編　対象と範囲（1条〜4条）

第2編　適用地域（5条〜8条）

第3編　納税義務者（9条〜13条）

第4編　課税取引
　第1章　物品の提供（14条〜19条）
　第2章　物品の域内取得（20条〜23条）

[*1] 正式名称は、Council Directive 2006/112/EC of 28 November 2006 on the common system of value added tax, *Official Journal* L 347 of 11 December 2006.

[*2] EUの機関としてこの「理事会」のほか、加盟国首脳、常任議長およびEUの執行機関である欧州委員会委員長から構成される「欧州理事会」（The European Council）もある。欧州理事会は、EUの最高意思決定機関であるが、立法権限はない。本書で「理事会」と表記するときは、立法権限のある「理事会」をいう。EU諸機関の解説として、[庄司2013]第2章および庄司克宏『はじめてのEU法』（有斐閣、第2版、2023）第4部参照。

[*3] 2024年6月30日閲覧。

[*4] 本書執筆時の最新改定は、2024年1月1日付である。ただし、本書では［Annacondia 2023］中の付加価値税指令規定を用いている。

Ⅰ／付加価値税共通ルールの策定と域内共有　　3

第3章　サービスの提供（24条〜29条）
第4章　物品の輸入（30条）
第5章　第1章および第3章の共通規定（30a条、30b条）

第5編　課税取引の場所
第1章　物品の提供地（31条〜39条）
第2章　域内取得地（40条〜42条）
第3章　サービスの提供地（43条〜59a条）※59b条は削除
第3a章　33a条、58条の物品提供事業者の課税最低金額（59c条）
第4章　輸入地（60条、61条）

第6編　納税義務の成立
第1章　原則規定（62条）
第2章　物品サービスの提供（63条〜67条）
第3章　物品の域内取得（68条〜69条）
第4章　物品の輸入（70条、71条）

第7編　課税標準
第1章　定義（72条）
第2章　物品サービスの提供（73条〜82条）
第3章　物品の域内取得（83条、84条）
第4章　物品の輸入（85条〜89条）
第5章　雑則（90条〜92条）

第8編　税率
第1章　税率の適用（93条〜95条）
第2章　税率構造と税率（96条〜105b条）
第3章　（106条〜108条削除）
第4章　最終制度導入までの特別規定（109条〜122条）
第5章　（123条〜130条削除）

第9編　非課税
第1章　原則規定（131条）
第2章　一定の公益活動の非課税（132条〜134条）
第3章　その他の活動の非課税（135条〜137条）
第4章　域内取引の非課税（138条〜142条）
第5章　輸入に対する非課税（143条〜145条）
第6章　輸出に対する非課税（146条、147条）

第7章　国際取引に関する非課税（148条～150条）
第8章　みなし輸出取引に関する非課税（151条、152条）
第9章　仲介者によるサービスの提供に関する非課税（153条）
第10章　国際取引に関連する取引に関する非課税（154条～166条）

第10編　仕入税額控除
第1章　控除権の成立と範囲（167条～172条）
第2章　控除割合（173条～175条）
第3章　控除権の制約（176条、177条）
第4章　控除権行使の手続（178条～183条）
第5章　控除の調整（184条～192条）

第11編　申告納税手続
第1章　納付義務（192a条～212条）
第2章　課税事業者登録（213条～216条）
第3章　インボイス作成（217条～240条）
第4章　帳簿作成（241条～249条）
第5章　納税申告書（250条～261条）
第6章　越境取引報告書（262条～271条）
第7章　雑則（272条、273条）
第8章　一定の輸入と輸出に関する義務（274条～280条）

第12編　特別措置
第1章　小規模事業者に対する特別措置（280a条～294条）
第2章　農業事業者に対する簡易課税（295条～305条）
第3章　旅行代理業に対する特別措置（306条～310条）
第4章　中古品・芸術品・収集品・骨董品に対する特別措置（311条～343条）
第5章　金取引に対する特別措置（344条～356条）
第6章　課税事業者から課税事業者でない者へのサービスの提供または国内での一定の物品の提供（357条～369x条）
第7章　輸入付加価値税の申告と納付に対する特別措置（369y条～369zb条）
第8章　通貨換算（369zc条）

第13編　適用除外
第1章　最終制度導入までの適用除外（370条～393条）
第2章　理事会による適用除外（394条～396条）

第14編　雑則
　　第1章　指令執行のための措置（397条）
　　第2章　付加価値税委員会（398条）
　　第3章　換算レート（399条、400条）
　　第4章　その他の税および課徴金（401条）

第15編　最終規定
　　第1章　加盟国間取引に対する課税の暫定措置（402条）
　　　　　※403条～404条削除
　　第2章　EU拡大における暫定措置（405条～410条）
　　第2a章　規定改正に伴う暫定措置（410a条、410b条）
　　第3章　旧指令からの移行および施行（411条～414条）

別表1　公益団体の活動
別表2　電子的サービス
別表3　軽減税率
別表4　（削除）
別表5　保税地域
別表6　リバースチャージ方式
別表7　農業
別表8　農業関連サービス
別表9　芸術品・収集品・骨董品
別表10　暫定措置
別表11　新旧指令
別表12　（2006年指令に伴い継続作成なし）

(2) 付加価値税指令の意義と機能

　EU法は、EU条約（Treaty of the European Union）、EU機能条約（Treaty on Functioning the European Union）および欧州司法裁判所（the Court of Justice of the European Union）の判例法により形成された法の一般原則などの主要法（primary law）と、規則（regulation）や指令（directive）などの派生法（secondary law）により構成される[*5]。

---

*5　EU法の法源につき、[庄司　2013] 198-218頁。

派生法のうち「規則」は、すべての加盟国において直接拘束力がある（EU機能条約288条2文）。これに対して「指令」は、加盟国が達成すべき結果に対しては拘束力があるが、その達成方法は加盟国政府が選択する（EU機能条約288条3文）。

　したがって、EUの付加価値税指令は、各加盟国（2024年6月30日現在27か国）に対して直接的な拘束力はなく、加盟国はこの付加価値税指令が定める内容を達成する義務は負うが、その達成方法は各国国内法で決定する。例えば標準税率について、付加価値税指令の「15％を下回ってはならない」（指令97条）とする規定を受けて、すべての加盟国の標準税率は、15％以上で設定されている[*6]。

　ところが軽減税率について、付加価値税指令では「別表Ⅲに掲げる物品およびサービスの提供のみ認めるが、5％を下回ってはならない」と規定されているが（指令98条1項）、例えば、フランスは5％未満を含む三つの軽減税率を設定している（20％の標準税率に対して10％・5.5％・2.1％の軽減税率。フランス一般租税法典278条以下）。加盟国27か国中、フランスを含む12か国が5％を下回る（0％を含む）軽減税率を設定している。

　これは、付加価値税指令に反していることは明らかである。しかしながら、域内の付加価値税の「最終制度（definitive arrangements）」導入までの特別措置として、各加盟国が1991年1月1日時点で採用していた軽減税率制度を維持することができる仕組みになっている（指令110条）。

(3)　付加価値税指令がめざす「最終制度」

　付加価値税指令が言及する「最終制度」とは、EUの究極目標である付加価値税の完全統合、すなわち域内統一付加価値税制度の実現である。現行の付加価値税制度は、最終制度実現までの暫定制度である。そのため、現行の付加価値税指令は、この暫定状態において、各加盟

[*6]　2024年6月30日現在、最も高い標準税率はハンガリーの27％、最も低いのがルクセンブルクの17％である。

国の付加価値税制度を近接させるための共通ルールである。

現在の制度が暫定的であることは、付加価値税指令前文でも言及されているほか[*7]、付加価値税指令第15編（最終規定）においても、「暫定制度から最終制度へ移行する条件が充足されると判断されるとき、理事会はEU機能条約93条[*8]に従い、その実施および最終制度運用のために必要な諸規定を採択しなければならない」（指令402条2項）と規定されている。

このように付加価値税指令は、最終制度移行時期が未定であることから、無期限に延長されている暫定ルールといえる。最終制度への工程表も示されない中で、むしろ半恒久的ルールといっても過言ではない。

本書では、この2006年付加価値税指令について、基本的に「付加価値税指令」と表記する。

(4) 付加価値税指令の補強―施行規則

付加価値税指令を補強ないし補充するために、付加価値税施行規則（Council Implementing Regulation）が制定されている[*9]。

この施行規則の目的は、「2006年付加価値税指令を施行するための規則は、現行の付加価値税制度の統一的適用を保証するものであり、とくに納税義務者、物品サービスの提供、および課税取引の場所を定めるものである」としている[*10]。具体的には、「事業者が事業を行っている場所」[*11]の定義（指令規則10条）、「固定的施設（FE）」[*12]（指

[*7] 例えば前文では、「暫定期間中、一定の領域において国内法を徐々に調整させていくことはきわめて重要である」（第9項目）、「暫定期間中は、非課税事業者でない事業者間の域内取引については、仕向地の税率と要件に従って、当該仕向地で課税されなければならない」（第10項目）としている。

[*8] 現行EU機能条約113条。同条によれば、特別の立法手続および理事会と欧州議会および経済社会委員会の審査を経て、売上税、関税およびその他の間接税に関する法令の協調（harmonisation）のための諸規定を採択しなければならない。ただしその協調は、域内市場の構築と機能を担保するため、そして競争の歪みを回避するために必要な範囲でなければならない。

[*9] 現行指令規則は、Council Implementing Regulation（EU）№282/2011 of 15 March 2011。この規則は、2006年指令に先立つ2005年に制定されたが、その後複数回の改定を経て現在に至っている。

[*10] 指令規則前文(4)

令規則11条）の定義などが定められている。

　付加価値税指令には加盟国に対する直接適用はなく、加盟国が付加価値税指令に沿った国内法を定める必要があるが、施行規則は国内法の制定がなくても加盟国に対して直接的な拘束力をもつ[*13]。

2　欧州司法裁判所の役割

(1)　欧州司法裁判所の管轄

　EUの司法機関である欧州司法裁判所の管轄[*14]について、EU条約は次のように規定する。

> **EU条約19条3項**
> 　欧州司法裁判所は、本条約により、次の管轄を有する。
> (a)　加盟国、EU機関または自然人もしくは法人により提起される訴訟に対する判決
> (b)　EU法の解釈またはEU諸機関の行為の効力について、加盟国の裁判所または審判所の要請によりなされる先決裁定（preliminary ruling）
> (c)　本条約により認められるその他の判決

　欧州司法裁判所は、各加盟国から1名の裁判官によって構成され、その判決文は原則としてEUの公用語、すなわち加盟国すべての公用語（24言語）に翻訳される[*15]。

　域内付加価値税の最終制度の実現時期が未定で、各加盟国がそれぞ

[*11]　本書第4章Ⅱで詳述する。
[*12]　本書第4章Ⅲで詳述する。
[*13]　[van Doesum　2020] 37. 同書は、この違いにより、本来は指令を補強するべき規則が、指令に抵触する場合もあると指摘している。
[*14]　EUの司法制度につき、[庄司　2013] 第4章、[中西　2022] 参照。
[*15]　判決によっては、特定の言語の翻訳のみが行われることがある。ルクセンブルクの欧州司法裁判所の法廷には、24の通訳ブースがあり、訴訟当事者に関連する言語の通訳者が同時通訳を行う。

れの国内法で課税徴収を行っている暫定制度の下では、共通ルールである指令の解釈が域内で共有されることが求められる。

したがって、欧州司法裁判所の上記管轄のうち、付加価値税に関しては、加盟国の国内裁判所が指令の解釈を求めて欧州司法裁判所に付託する事案に対する先決裁定（EU条約19条3項(b)）[16]、およびEUの執行機関である欧州委員会（the European Commission）が特定の加盟国の国内法の指令違反について、当該加盟国政府を相手に欧州司法裁判所に提訴する事案に対する判決（EU条約19条3項(a)）が重要である。

欧州司法裁判所判決全文は、下記のInfoCuriaのサイト[17]で閲覧することができる。

URL　https://curia.europa.eu/juris/recherche.jsf?language=en

また、欧州司法裁判所の1970年以降の付加価値税関連判決のキーワードと概略は、下記の書籍で時系列順またはトピック別に確認することができる。
- Fabiola Annacondia ed., *EU VAT Compass*（IBFD）[18]

(2) 先決裁定の機能と効果

域内では最終制度がいまだ実現せず、暫定制度が共通ルールである指令によって運用されている状況で、欧州司法裁判所の先決裁定で示される指令の解釈は、その解釈をすべての加盟国が共有できるという機能を果たしている。

ただし、欧州司法裁判所の先決裁定の効果は、ただちにすべての加

---

*16　先決付託手続につき、［庄司　2013］141-149頁および［中西　2022］69-76頁。
*17　2024.6.30閲覧。
*18　同書は、毎年定期刊行されている。同書2024年版の時系列順の判決リストによれば、最も古い1970年から1979年までの判決数は5件であるのに対して、すでにすべての判決が出ている2022年は48件であり、欧州司法裁判所の付加価値税関連判決は、著しく増加傾向にある。トピックごとの判決リストでは、「非課税」が最も多くて213件、ついで「仕入税額控除」が96件である。

盟国の国内裁判所を拘束するものではない。すなわち、これを付託した国内裁判所が欧州司法裁判所の解釈に従う義務を負うのであり、当事者でない加盟国の国内裁判所にとっては有権解釈となる。

3 付加価値税指令の沿革

(1) 仕入税額控除なき制度——1918年から1967年まで

　付加価値税指令の歴史的背景をみていくことは、その特色や将来的に解決すべき課題を理解するのに有用であろう。

　現在の欧州付加価値税の嚆矢は、フランスとドイツが第一次世界大戦の戦費調達で導入した売上税／取引高税である[19]。

　物品サービス取引に対してすべての取引段階で課税を行うことは、多くの税収が期待できる。そのため、戦時下でのこの新税導入の立法作業は、きわめて拙速に進められた。例えばドイツでは、1918年4月にドイツ帝国議会（当時）で2日間だけ審議された売上税法案は、同年6月に成立した。当時のライヒ大蔵大臣のフォン・レーデルン（Graf von Roedern）は、新税を「（今後補強されることが期待される）しなやかな鉄骨構造」と呼んだ[20]。この言葉の意味するところは、新税からは多くの安定的な税収が期待できること、しかしながら、制度自体は未完成であるというものである。

　1918年ドイツ売上税法草案の主要起草者であるポーピッツ（Johannes Popitz, 当時ライヒ大蔵省官僚）[21]は、新税導入の意義を主として2点強調している。

　第一に、「事業者の記帳義務は、課税手続において重要なだけでなく、体系的な会計監査の促進という意味で重要である」[22]とし、伝統的に

---

[19] ドイツでは、1918年売上税法により売上税が導入されたが、同国は同年11月には休戦協定を受け入れて事実上降伏したことから、戦費調達目的というより、戦後の壊滅的な財政立直しのための新税であった。

[20] Hartmut Söhn, Die Umsatzsteuer als Verkehrsteuer und/oder Verbrauchsteuer, *Steuer und Wirtschaft* 1975, 5.

賦課課税方式をとっていたドイツの税制に、納税義務者の申告にもとづく課税制度の導入を図ったことである。

　第二に、私法の借用概念でなく、税法固有の概念を取り入れたことである。例えば、「対価（Entgeld）」は民法の用語と異なり、また「［物品の］供給（Lieferung）」[*23]や「事業活動（gewerbliche Tätigkeit）」は商法の用語とは異なり、それぞれ固有概念である。

　一方でポーピッツは、現在の付加価値税の課題にも繋がる、興味深い二つの点にも言及している。

　第一に、「売上税」という名称である。本来なら「一般消費税（Generalakzise）」の名称を採用するべきであったが、英仏を敵国とする戦時の立法作業であったことから、外来語由来の用語は採用できなかったと説明されている[*24]。

　第二に、売上税と担税力の問題である。ただし、ポーピッツが着目する担税力は、最終消費者の担税力問題（いわゆる逆進性の問題）ではなく、納税義務者としての事業者の担税力である。ポーピッツは当初からこの税の本質は、税額転嫁を前提とした「消費税」と考えており[*25]、応能負担原則を基本原則とする所得税と売上税とは本質が異なるとした[*26]。しかしながら、経済力が相対的に低い小規模事業者

[*21]　ポーピッツはその後、ベルリン大学教授やプロイセン大蔵大臣を務めたが、1944年のヒトラー暗殺計画に関与したことにより、反逆罪で死刑に処された。ポーピッツの評伝として、Peter Lang社より2006年に出版されたReimar Voß, *Johannes Popitz (1884-1945)*、およびBöhlau社から2015年に出版されたAnne C. Nagel, *Johanes Popitz (1884-1945): Görings Vinanzminister und Verschwörer gegen Hitler*がある。[UmsatzsteuerForum 2018] は、ドイツ売上税100年の記念論文集であり、その第2章では、Bertrand Monfortによるポーピッツの業績と功績の紹介がなされている。

[*22]　Johannes Popitz, *Kommentar zum Umsatzsteuergesetz*（Otto Liebermann, 1918）. 同書は、1918年法コンメンタールの初版本であり、本書の筆者は、ケルン大学図書館で閲覧することができた。

[*23]　指令の英語版では、課税の対象が「物品の提供（supply of goods）」と「サービスの提供（supply of services）」とされるが、ドイツ売上税法における課税対象は、「供給（Lieferung）」と「その他の給付（sonstige Leistung）」とされる。

[*24]　Popitz (fn.22), 8. この名称問題については、現在でもEU域内では「付加価値税」や「売上税」の名称が用いられ、域外では「物品サービス税」（オーストラリア、ニュージーランド、カナダなど）や「消費税」（日本）が用いられており、税の名称にはそれぞれの国の社会背景が反映されている。

へ人的非課税[*27]を適用していることについては、小規模事業者の担税力への配慮ではなく、「租税技術の観点からの要請」としている。すなわち、課税の簡素化の要請である。

ドイツと同様に、フランスでも1918年に事業者を納税義務者とし、最終消費者を担税者とする取引高税が導入された。

この新たな税は、第一次世界大戦後も、そしてその後の第二次世界大戦後も存続し、欧州各国の基幹税となっていった。

しかしながら、この税の最大の欠陥は、前段階で負担した税額を控除する仕組みがないため、税額込みの価格に税率を乗じることによる税額累積が生じることであった。

このような税額累積効果を回避するための方法は、関連企業がグループ化（垂直的統合）し、グループ間取引を不課税とすることである。しかしながら、そのようなグループ化が難しい中小事業者の不公平感は大きく、ドイツでは税額累積状態に対する憲法訴訟が相次いだ[*28]。これらの憲法訴訟の中で、1966年に連邦憲法裁判所が画期的な判断を示した。すなわち、当時の売上税制度が違憲状態であることを認定した上で、税額累積排除のための立法措置を求めた（同裁判所1966年12月20日判決）[*29]。それは、次のような判断である。

「立法者は、その選択[*30]を正しく行わなければならない。すなわち、規定すべき法律要件の相違が、『正義にもとづく考察に照らして』、看過することできないほど著しいものかどうかの判断が重要なのである。このようなことが租税法律にとくに求められるのは、租税法律が納税者の財産と権利という敏感な領域へ踏み込むものだからであり、

[*25] それゆえ取引に対する課税を想起させる「売上税」の名称に疑問を呈したものと思われる。
[*26] Popitz (fn.22), 6.
[*27] 日本では一般には「免税事業者」とされるが、欧州付加価値税では、1918年当時より「人的非課税」と位置付けられている。
[*28] 平等原則（当時のボン基本法3条1項）および職業選択の自由（同法12条1項）に違反するかどうかが争われた。
[*29] BVerfGE 21, 12.
[*30] ここでいう「選択」とは、「公平な法律要件を定める際の選択」をいう。

あらゆる納税者をできるだけ公平に扱うことが、とくに考慮されなければならない。

　他方で、租税法律は一般に、経済生活のあらゆる事象を対象としているため、法律効果と結びつく法律要件を類型化しなければならず、特殊事象はある程度捨象せざるを得ない。個々の納税者や彼らの競争条件に対して、一定の不平等な経済的影響が及ぶことは避けられないし、甘受せざるを得ない。あらゆる租税は、自由な経済活動の中に投入され、あらゆる観点からみて完全に競争中立である租税はあり得ないし、考えられない。

　しかし、現行売上税法は、単一事業者[*31]の外部売上げと複合事業者[*32]の内部売上げの取扱いについては、立法者が意識するべき租税正義が達成されていない。現行売上税法の競争中立性の欠如は、単一事業者と複合事業者との取扱いに関するかぎり、立法者によって適切な時期までに改正がなされなければならない。」

　ドイツでは、この税額累積効果を排除するための手法として、「仕入額控除方式」と「仕入税額控除方式」が検討されたが、税率の異なる国家間の越境取引の便宜を考慮し、後者の仕入税額控除方式が選択された。この仕入税額控除を組み入れた新たな売上税は、1968年1月から施行された[*33]。

　この仕入税額控除制度の組入れに際し、控除対象仕入税額の詳細を確認する書証とされたのが、インボイス[*34]である。

　1968年売上税法の施行に際して連邦財務省から出されたインボイス

[*31]　グループ化ができない事業者をいう。
[*32]　グループ化ができる事業者をいう。
[*33]　「売上税」の名称は、現在も引き続き用いられている。現在、この名称を用いているのは、ドイツとオーストリアである。
[*34]　インボイスの起源については諸説あり、紀元前に動物の骨や石に記載されたものなどが注目されることがある。しかし、紙に書かれたものとしては、1500年代にオランダの画家が注文者のオランダ国王に送付した書類が、最初のインボイスとされることもある。いずれにしてもインボイスは、1967年以降の欧州での付加価値税導入に伴って新たに生まれたものではなく、古代文明や中世ヨーロッパの商取引の中で自然発生したものといえる。

に関する解説書には、インボイスに対する課税当局の厳しい姿勢が示されている。

「売主が発行するインボイスは買主にとって、単なる支払請求書ではなく、一種の有価証券である。買主は、たとえまだ支払をしていなかったとしても、インボイス記載の税額をただちに国に請求することができる。率直に言えば、このインボイスを用いる脱税の試みも増すであろう。したがって、仕入税額控除の実効性あるコントロールを可能せしめるために、この『有価証券』記載の内容については税務調査を徹底的に行う。」*35

この仕入税額控除の仕組みは、欧州各国でも導入された。この仕入税額控除を組み入れた付加価値税の導入により、税額累積の弊害は解消されることになった。しかしながら、仕入税額控除を正確に行うための手段として採用されたインボイスが、その金券的価値ゆえに脱税の温床となり得ることは、導入当初から想定されていたことが窺える。

(2) 第2付加価値税指令

当時の欧州経済共同体（EEC、現在のEUの前身）の加盟国*36が、1967年以降に次々と付加価値税を導入する中で、加盟国間取引における付加価値税の共通化は必然の課題であった。

最初の共通ルールは、理事会より同日付で出された「第1付加価値税指令」および「第2付加価値税指令」である*37。

域内の付加価値税の共通ルールに関していえば、後者の指令が重要

---

*35 Ferdinand Huschens, Rechnungsberichtigung mit Rückwirkung ohne Rechnung?, [UmsatzsteuerForum 2018] 733.
*36 当初加盟国は、フランス、ドイツ（当時は西ドイツ）、イタリア、ベルギー、オランダおよびルクセンブルクの6か国。付加価値税導入は、フランスとドイツが1968年、オランダが1969年、ルクセンブルクが1970年、ベルギーが1971年、イタリアが1973年である。現在のEU加盟国で、付加価値税導入が最も早かったのは、デンマークの1967年である。世界の付加価値税導入の時期と導入時税率構造につき、[Tait 1988] 40-41.

である。とくに共通ルールの中核となる税率および非課税についての規定がある。

第2付加価値税指令
9条 ※税率の規定
　1項　標準税率は、同じ物品サービスには同じ税率を乗じることを基本に、各加盟国で定められなければならない。
　2項　一定の場合には、物品サービスの提供について、加重税率または軽減税率を適用することができる。軽減税率は、軽減税率を適用して計算される金額について、通常の控除が行われるように定められなければならない。
　3項　物品の輸入に適用される税率は、当該輸入国で類似物品の提供に対して適用される税率でなければならない。

10条 ※非課税の規定
　1項　以下の項目は、加盟国が定める条件に従って、非課税としなければならない。
　　a．物品の域外への輸送
　　b．上記aにかかるサービスの提供
　2項　物品の輸入にかかるサービスは、本指令16条の手続により、非課税とすることができる。
　3項　各加盟国は、本指令16条の手続により、必要に応じてその他の非課税を決定することができる。

　税率について注目されるのは、第2付加価値税指令時点では、軽減税率だけでなく、加重税率も想定されていたことである。また、輸入品と国産品の競争中立を明記し、物品輸入について仕向地原則が示されている。

＊37　「第1付加価値税指令」は、First Council Directive 67/227/EEC of 11 April 1967 on the harmonisation of legislation of Member States concerning turnover taxes、「第2指令」は、Second Council Directive 67/228/EEC of 11 April 1967 on the harmonisation of legislation of Member States concerning turnover taxes-Structure and procedures of application of the common system of value added tax.

非課税については、第2付加価値税指令時点で非課税取引による仕入税額控除の遮断の深刻さが認識されていないためか、非課税項目について加盟国の裁量を広く認めている。

(3)　第6付加価値税指令

　第2付加価値税指令から10年後の1977年「第6付加価値税指令」[38]によって、域内付加価値税の共通ルールの基礎ができたといえる。

　第2付加価値税指令から第6付加価値税指令への移行は、域内の付加価値税ルールの共通化をさらに進めるためだけではなかった。1970年の理事会決定により、共同体（現在のEU）の財源が各加盟国からの拠出でなく、各加盟国の付加価値税収によって調達される共同体の独自財源に移行したことも関係している[39]。すなわち、共同体の財源に組み入れられる各国の付加価値税収を正確に計算するために、ルールの共通化がさらに必要となった。

　付加価値税ルールのさらなる共通化は、具体的には、「事業者」（第6指令4条）および「課税取引」（第6指令5条〜7条）の明確な定義、非課税項目の列挙（第6指令13条〜15条）などに顕著に示されている。

　この第6付加価値税指令は、2006年付加価値税指令に置き換わるまでの約30年間、域内の付加価値税の共通ルールとして機能しつづけた[40]。しかしながら、度重なる規定の追加修正により指令自体が複雑化し、また、域内の政治統合が遠のく中で、加盟国による特別措置の増大という問題点が蓄積されていった。域内の付加価値税の現代化と簡素化が目指される中で、共通ルールとしての指令自体が複雑化している状況であった。

---

[38] Sixth Council Directive 77/388/EEC of 17 May 1977 on the harmonization of the laws of the Member States relation to turnover taxes-Common system of value added tax:uniform basis of assessment, [1977] Official Journal L145.
[39] このことは、第6付加価値税指令前文6段落目に記されている。
[40] 「域内付加価値税の憲法」と呼ばれることもある。[Bunjes, Geist 2023] Vor §1 Rz. 5.

⑷ 国境管理撤廃と2006年付加価値税指令

　マーストリヒト条約による1993年11月のEUへの移行、それに先立つ同年1月1日からの国境管理（fiscal frontiers）の撤廃により、域内の付加価値税をめぐる環境は大きく変化した。

　1993年時点では、付加価値税の最終制度、すなわち統一付加価値税のゴールを1997年としていたが、統一通貨ユーロの一部導入（1999年1月）は別として、EUの地理的拡大は進むものの、域内の政治統合が進まない中で、付加価値税の最終制度は実現しないまま現在に至っている[41]。

　このような状況下で、理事会は第6指令の全面改定に着手し、新たに作成されたのが現在の2006年付加価値税指令であり、2007年1月1日より施行された。

　その後、複数回の部分改定がなされているが、その中で重要なのが2008年改定、2017年改定および2019年改定である。

　2008年改定[42]では、ある加盟国の事業者が別の加盟国で還付を行う際の手続の簡素化が図られた。2017年改定[43]では、物品サービスの越境取引にかかる申告納税手続とインボイス作成にかかる負担軽減が図られた。2019年改定[44]では、域外事業者マーケットプレイスやプラットフォームを通して行われる物品販売に関するルールが整理された。

---

[41] 税制に関する理事会表決は、全会一致を原則とする（EU機能条約223条2項）。EU加盟国が増えるにつれて、全会一致が難しくなる局面が多くなっている。

[42] Council Directive 2008/9/EC. 加盟国間で言語も関係法令も異なることから、域内取引を行う事業者の還付手続は時間も手間もかかるのが深刻な問題であった。2008年指令改定は、これに対応したものである。

[43] Council Directive (EU) 2017/2455. 改定前の申告納税手続とインボイス作成は、とくに零細事業者にとって負担が大き過ぎることが問題となっていた。

[44] Council Directive (EU) 2019/1995. 改定前は、マーケットプレイスで販売される物品について、域内事業者が域外事業者から仕入れを行うときに、前者は仕入税額控除を行うにもかかわらず、後者は域内で申告納税をしないことが問題となっていた。

4 現行付加価値税制度の課題

　EUの究極の最終目標は、政治および域内の完全統合である。しかしながら、EU拡大の反作用ともいえる加盟国間でしばしば生じる政策の不一致、主要加盟国であった英国の離脱など、最終目標への到達は道半ばというより、実現への障害はますます増えているのが現状である。人種、宗教、気候、地形、文化などの多様性を乗り越えての統合は、壮大かつ困難な実験といえよう。

　最終目標を見据えつつ、目の前の状況も考慮しなければならない中で、政治統合に先立って経済統合を進める政策をEUは選択した。その政策を進める大原則が「物・人・サービス・資本の自由移動原則」である。この原則を基盤にした経済統合の象徴といえるのが、共通通貨ユーロの導入であり、そして付加価値税の域内共通化政策である。

　税制の域内統合に関して、欧州では古くから国境取引が行われてきたことから、付加価値税は制度の共通化が比較的容易であったし、越境取引を行う事業者の競争中立の観点からも必要であった。これに対して、個人または法人の担税力に着目して課税を行う所得税や法人税は、それぞれの国の家族制度、会社法、経済状況、社会保障制度等に拠るところが大きく、制度の共通化になじみにくい。

　付加価値税の域内統合プロセスは、第6付加価値税指令の協調（harmonization）政策から、2006年付加価値税指令の共通制度（the common system）に移行している。その移行の背景には、上記「物・人・サービス・資本の自由移動原則」にもとづく国境管理の廃止とEC（欧州共同体）からEU（欧州連合）への移行があった（1993年）。

　しかしながら、この自由移動の原則は、付加価値税の領域にも不可避的な副作用をもたらしている。すなわち、企業も資本も域内で自由移動ができることに伴い、域内でも比較的税率の低い加盟国への事業移転が容易になった。また、取引のグローバル化とデジタル化により、「物」の移動を前提とした課税ルールが、「サービス」の移動に対応で

きなくなってきた。

　さらに現行付加価値税指令に動揺を与えているのが、付加価値税の目下最大の問題である脱税である。税率の高さ（域内の税率の平均は19.2％）と複雑な指令ルールが、脱税の温床となっている。

　脱税スキームの多くは、越境取引で行われており、また、税額累積を排除するために導入されたインボイス制度の悪用（インボイスの偽造など）により仕組まれている。すなわち、EUの大原則である「自由移動の原則」と、付加価値税制度の支柱といえる「仕入税額控除制度」が、脱税の手段に用いられているのである。

　本書では、EU域内の現行付加価値税制度の呼称として、現在の制度に至る欧州における100年を越える歴史を踏まえて「欧州付加価値税」を用いる[*45]。

　欧州付加価値税の論点は多岐にわたるが、本書では、とくに日本の消費税をめぐる議論で重要な論点に焦点をあて、欧州付加価値税と問題共有ができる諸点について検討を行う。

　各論点に入る前に、本章Ⅱでは、欧州付加価値税の基本原則を確認する。

　続いて第2章では、付加価値税における「事業者と事業活動」を考察し、欧州付加価値税の課税対象と納税義務者に対する考え方をみていく。第3章では、付加価値税の支柱である「仕入税額控除」について、その法的性質を中心に検討をする。第4章では、デジタルコンテンツ取引という新たなビジネスに対する課税の仕組みの構築が求められる「越境取引」について考える。そして第5章では、基幹税としての付加価値税の財政に与えるインパクトに関連して、日本でも喫緊の課題である「税率構造」、「脱税問題」および「コンプライアンスコスト」について、EU域内の取組みを検討する。

[*45] 本書執筆にあたり基本書とした［Terra 2023］がタイトルに"European VAT"を用いていることにも拠る。

II　欧州付加価値税の基本原則

1　EUの一般原則と付加価値税の基本原則

　欧州付加価値税の主要な法源は、付加価値税指令および欧州司法裁判所判決（とくに先決裁定）であることは、本章 I で確認した。これに加えて、EU条約に定められている「誠実協力原則」(the principle of sincere cooperation, EU条約4条3項)、「補完性原則」[*46]（the principle of subsidiarity, EU条約5条3項）、「比例原則」[*47]（the principle of proportionality, EU条約5条4項）、「市民平等原則」(the principle of equality of citizens, EU条約9条)、そして対外政策に関する平等連帯原則 (the principle of equality and solidarity, EU条約21条1項) などの一般原則もまた、税制を含むEU域内の諸制度を支える重要な法源であることはいうまでもない。

　このようなEU条約が定める一般原則を踏まえ[*48]、付加価値税領域で重要な原則は、「中立原則」(the principle of neutrality)、とくに「事業活動に対する中立」)、「仕向地原則」(the principle of destination) および「法の濫用禁止原則」(the principle of prohibition of abuse of law) である[*49]。

　以下において、これらの原則を考察していく。

---

*46　この原則は、EUが加盟国に対して排他的権限ももつのではなく、加盟国が目的達成を為し得ない状況でEUが行動に出るというもので、各加盟国の主権尊重を示す重要な原則である。
*47　EUが選択する措置は、その目的達成に必要な限度でなければならないという原則。
*48　付加価値税との関連で重要なEUの一般原則につき、[Terra 2023] 57-79.
*49　欧州付加価値税の基本原則につき、[van Doesum 2020] 63-73. 私見によれば、「中立原則」と「仕向地原則」はEU条約の平等原則に、「法の濫用禁止原則」は同条約の誠実協力義務と結びついているものと考える。

2 中立原則

(1) 付加価値税指令における中立原則

　EU域内の共通ルールである現行付加価値税指令は、その本文には中立原則の規定はなく、付加価値税指令前文の64項目中4項目で「中立 (neutrality)」に言及している。

付加価値税指令前文
(5) 付加価値税システムは、可能なかぎり原則的方法で課税され、かつ生産流通の全段階が課税対象となるとき、最高レベルの簡素と<u>中立 (neutrality)</u>が達成され、それはサービスの提供についても同様である。したがって、小売取引にも適用される共通システムを受け入れることは、域内市場および加盟国にとって利益となる。
(7) 付加価値税共通システムは、税率や非課税項目の統合が十分でないとしても、<u>競争中立 (neutrality in competition)</u>でなければならず、各加盟国の領域内で類似の物品サービスは、生産から流通までの取引数にかかわらず、同じ税負担とならなければならない。
(30) 付加価値税の<u>中立性 (neutrality of VAT)</u>を担保するために、加盟国が適用する税率は、一般ルールとして、仕入段階で負担した税額の控除を可能とするものでなければならない。
(34) しかしながら[*50]、付加価値税率の軽減は、域内市場の円滑な運営および<u>課税中立(tax neutrality)</u>に対するリスクをもつ。したがって関係諸規定は、期限を設定しつつも十分な時間をかける検証手続によって定められなければならず、それによって各加盟国内で提供されるサービスに適用される軽減税率の影響を評価することができる。そのような措置が軽減税率の必要性を証明して限定するために、軽減税率の範囲は厳密に定められなければならない。
　※　下線は筆者による。

　付加価値税指令前文では、「中立」がさまざまな脈絡で言及されて

[*50] 直前の(33)では、失業問題との関係で労働集約的サービスには軽減税率を適用することも必要であるとしていることを受けての「しかしながら」である。

いる。

(5)では、取引の全段階で課税されることが中立的であるとする（税額転嫁に関する中立性）。(7)では、同一市場で類似の物品サービスは同じ税率で課税されることが中立的であるとする（市場における競争中立性）。(30)では、仕入段階で負担した税額が確実に控除できることが中立的であるとする（仕入税額控除に関する中立性）。(34)では、政策として採用する例外措置（軽減税率など）が付加価値税における中立性のリスクになり得ると指摘する。

このように現行付加価値税指令では、「中立原則」を多義的にとらえているものの、本文では「中立原則」の文言は一切なく、したがってその定義もない。

この前文を受けて付加価値税指令1条1項は、「本指令は、付加価値税（VAT）の共通システムを定めるものである」とし、その2項[*51]は次のように規定する。

付加価値税指令1条2項

　付加価値税共通システムの原則は、物品サービスの消費に対してそれらの価格に正確に比例的に課税を行うものであるが、生産から流通までの過程では、複数の取引が行われた上で税負担が生じる。

　その各取引段階において、物品サービスの価格に当該物品価格に適用される税率が乗じられて計算される付加価値税は、種々の費用要素によって直接負担した付加価値税額を控除したのち、課税されなければならない。

　付加価値税の共通システムは、小売段階に至るまで適用されなければならない。

この規定は、EU域内の付加価値税が生産から小売りまでの全段階で課税を行うこと、税額は物品サービスの販売価格（税抜き）に適用税率を乗じることで計算されること、そして仕入れにおいて負担した

[*51] この指令冒頭の規定は、第1指令2条を引き継いでいる。

税額は控除されなければならないことを定める。「中立」あるいは「中立原則」の文言は用いていないが、付加価値税指令前文の中立原則の考えに呼応している。

(2) 欧州司法裁判所判決における中立原則

欧州司法裁判所は、付加価値税における中立性について多くの場合、「事業活動中立（fiscal neutrality）」という表現を用いる。

例えば古い判例ではあるが、現行付加価値税指令前の第6付加価値税指令時の欧州司法裁判所判例で、次のような判断を示している（「**欧州委員会対イタリア政府事件**」欧州司法裁判所1997年6月25日判決）[52]。

「仮に納税すべき税額の二重課税状態が些細なものであるとしても、［筆者注：非課税取引を課税取引とするオプション制度に関する指令規定の］目的が付加価値税共通システム由来の事業活動中立原則に反する二重課税の回避であることについて、イタリア政府はこれを否定することはできない。」

※　下線は筆者による。

欧州司法裁判所は、同じくオプション制度の適用可否が問題になった事件で、「事業活動中立」に言及している。その判決では、同一市場に競業者がいることを前提とした中立であるとし、次のような判断を示した（「**Turn-und Sportunion Waldburg事件**」欧州司法裁判所2006年1月12日判決）[53]。

---

[52] C-45/95. この事件は、域内共通ルールを適用すれば、非課税取引を課税取引とするオプション制度の対象であるのに、イタリア政府がこれを非課税取引でなく不課税取引としていることについて（それゆえ事業者はオプション制度の選択ができない）、欧州委員会がイタリア政府に対して訴訟を提起した事件である。

[53] C-246/04. オーストリア売上税法は、不動産取引にかかる課税選択制度（オプション制度）を非営利団体に認めていなかった。非営利団体Tスポーツクラブは、施設の一部を飲食店として賃貸をするため、その敷地部分についてオプション制度の選択をしたが、Tが非営利団体であることを理由に否認された。本件の争点は、特定の団体をオプション制度から除外する国内法が指令に反するかどうかであった。

「事業活動中立原則が求めているのは、すべての経済活動は同等に扱われなければならないということである。……

［筆者注：指令規定[*54]が］事業者に課税選択権を付与するにあたり、加盟国には取引や事業者によって差異を設ける裁量権が認められるが、加盟国は指令の目的や諸原則、とりわけ<u>事業活動中立原則</u>を踏まえ、非課税が適正に、直截に、かつ統一的に適用される要件を考慮しなければならない。……

国内法が決めるべきことは、当該非営利団体による不動産賃貸を含むすべての売上げを非課税とすることが、<u>事業活動中立原則</u>に反しているかどうかである。

スポーツ振興目的のスポーツクラブについて、比較可能で競業者となる同業者が存在している場合、一方だけに課税の選択権を認めないのは、<u>事業活動中立原則</u>に違反しているといえる。」[*55]

※　下線は筆者による。

事業活動中立原則に関する代表的な上記判例をみるかぎり、この事業活動中立原則は付加価値税制度由来の原則であること、および競業関係にある事業者が想定されていることが注目される。

(3) 中立原則の複合性

「中立原則」ないし「事業活動中立原則」を経済的側面からみると、「付加価値税が事業者の事業活動における意思決定の阻害要因になってはならない」というものである。物品サービスが最終消費者に供給されるまでの一連の取引連鎖において、特定の取引段階で税額転嫁ができていなかったり、またはある特定の取引段階で仕入税額の控除ができていなかったりする場合、事業者の意思決定が付加価値税によって歪められるからである。

次に、この原則を法的側面からみると、「同一市場で競争関係にあ

[*54] 当時の第6指令では13条C、現行指令では137条。
[*55] Paras. 32, 35, 46, 47.

る類似の物品サービスには同一の課税が行われなければならない」というものである。これは、課税全般の基本原則である「公平原則」の付加価値税版ともいえる。しかしながら、付加価値税領域での公平な取扱いは、その対象が相互に競争的であることを前提とするという意味で、適用範囲が「平等原則」より限定される[*56]。

中立原則の法的側面である「類似の物品・サービスには同一の課税」は、「類似の事業活動には同一の課税」と、さらに「類似の立場の者には同一の課税」と言い換えることができる。すなわち、中立原則は、法的側面と経済的側面、物的側面と人的側面をもつ複合的な原則といえる。

また中立原則は、ある加盟国の国内とその市場において適用されるほか、越境取引に対する課税の局面では、関係国家間の競争中立という地理的側面もある。

このように付加価値税の課税原則としての中立原則は、複合的な要素によって形成されている。

(4) 「中立原則」と「平等原則」の関係

「中立原則」と「平等原則」の関係は、「同種の物品サービスは等しく扱わなければならない」あるいは「類似の立場の事業者は等しく扱わなければならない」という脈絡では、同じことを前者は主として経済的な視点から、後者は主として法的な立場から言っているだけのように思われる[*57]。

しかしながら欧州司法裁判所は、「平等原則」が憲法原則(裁判当事国の憲法原則)であるのに対して、「中立原則」は解釈原則であって、立法者による立法を前提とするという考え方を一貫して維持している。例えば、「**Deutsche Bank**事件」(欧州司法裁判所2012年7月19日判決)[*58]では、次のような判断を示している。

[*56] [van Doesum 2020] 46-68.
[*57] 課税一般原則としての公平原則が付加価値税領域で反映されたものが中立原則であるとする考え方について、[van Doesum 2020] 65.

「事業活動中立原則は、非課税の範囲に関する明文規定がない状況で、非課税の範囲を拡張するものではなく、非課税を厳格に解釈するために適用される解釈原則である。」[*59]

　課税の基本原則としての「平等原則」とそこから導かれる「応能負担原則」は、民主国家の憲法の平等原則に直結する。他方、「中立原則」ないし「事業活動中立原則」は、憲法上の根拠を明確には見いだせない。
　しかしながら、消費課税が事業者（納税義務者）、国（課税権者）および消費者（担税者）と、三者が関わる構造において、納税義務のみならず徴収補助の役割を担う事業者の法的地位を保障するために、「事業活動中立原則」は不可欠な原則である。なぜならば、消費課税が適正な税額転嫁と仕入税額控除によって正しく機能することを前提として、この原則により、税額転嫁の局面では事業者間の競争中立が守られ、仕入税額控除の局面では事業者が仕入段階で負担した税額の完全な控除が確保されるからである。
　担税者としての最終消費者は、税額転嫁と仕入税額控除が正しく行われることで、累積された税額が織り込まれない価格で物品サービスを購入できる。この消費課税の本質に「中立原則」ないし「事業活動中立原則」が直結していることを考えれば、この原則が単なる解釈原則であるという位置付けには疑問が残る。

3　仕向地原則

(1)　仕向地原則の意義

　「中立原則」は、「仕向地原則」により実現される[*60]。

[*58]　Case C-44/11. この事件は、ドイツ銀行が顧客である投資家のために行うポートフォリオ・マネジメントが、非課税取引（指令135条1項）に該当するかどうかが争われたものである。

[*59]　Para. 45. この判決に対して、とくにドイツ国内では、中立原則を補助的な解釈基準にすぎないとしている点に批判が多かった。

EU域内の付加価値税が完全統合され、全加盟国に一つの付加価値税ルールが適用されることになれば[*61]、異なる加盟国間の取引は、加盟国内で行われる取引に対する付加価値税同様に、物品サービスの提供者の所在加盟国で課税が行われることになる。

　しかしながら、実際には加盟国はそれぞれの付加価値税に関する国内法をもつことから、異なる加盟国間で物品サービスの取引が行われる場合、提供側の加盟国（原産地）で課税するか（「原産地原則」(the origin principle)）、それとも受領側の加盟国（仕向地）で課税するか（「仕向地原則（the destination principle)」）の選択をしなければならない。この選択は、域内取引だけでなく、域内から域外への輸出、あるいは域外から域内への輸入についても、域内の共通ルールとして「原産地原則」によるか、「仕向地原則」によるかの選択をしなければならない。

　原産地原則によって物品サービスの提供者の所在国で課税が行われれば、その受給者の所在国の市場では、類似の物品サービスに対して異なる税率が存在することになる。これは、同一市場の類似物品サービスについて国内取引と輸入取引間で競争中立の歪みをもたらす。そこで、同一市場での類似の物品サービス提供には同一税率を適用する仕向地原則が優位となる。

　仕向地原則は、課税の局面だけでなく、仕入税額控除の局面でも意味がある。すなわち、原産地原則を採る場合、輸入品または国外から提供されるサービスにかかる仕入税額控除を原産地国で行わなくてはならない。受領国側の事業者は、取引相手国である原産地国での還付手続をしなければならず、追加的なコストを負担することになる。

　原産地原則では「事業者が国外に向けて物品サービスを提供する場合、受領側のいずれの国の消費者も同じ税負担」となり、仕向地原則では「国外から物品サービスが提供される場合も、国内で物品サービスを提供する場合も、いずれの場合も同一市場における税負担は同じ」

[*60]　[OECD, International VAT/GST Guidline 2017] 38.
[*61]　EUが目指す最終制度と、現状の暫定制度につき、本章Ⅰ❸参照。

ということになる。すなわち、世界規模での消費者間の負担の平等はあまり意味がないのに対して、同じ市場での事業者間の競争中立は大きな意味がある。

ただし、越境取引における仕向地原則は、当該取引に対して税関で国境管理が行われていること、すなわち物品がある国から別の国に移動することが手続として確認できることが前提となる。ところが、サービスの越境取引は税関を通過することはない。したがって、サービスの越境取引においては、それがいずれの場所（国）で提供されたかという「サービスの提供地」の特定がなされなければならない。しかもサービスの越境取引は、取引内容を受給者側で把握しやすいBtoB取引（事業者間取引）だけでなく、その把握が難しいBtoC取引（事業者個人間取引）もある。

このように仕向地原則を考察する際には、「物品提供（supply of goods）」と「サービス提供（supply of services）」に分け、さらに後者については「BtoB取引」と「BtoC取引」に分けて考えなければならない。

(2) 物品の域内取得と輸入

「物品の提供地」に関する指令の規定によれば、輸送により物品の提供が行われる場合、その提供地は「輸送が開始する時点で当該物品が所在している場所」（指令32条）である[*62]。これは、域内で物品が移入する域内取得（intra-Community acquisition）および域外から域内に向けて物品が移動する輸入取引に共通して適用されるルールである。

これは、一見すると「原産地原則」を意味し、「仕向地原則」と矛盾する。しかしながら、域内で物品が移出する域内供給（intra-Community supply）と輸出取引は「仕入税額控除付き非課税」[*63]で

[*62] 輸送によらない物品の提供が行われる場合、その提供地は「提供が行われる時点で当該物品が所在している場所」（指令31条）であるが、本書では「輸送による物品の提供」を中心に検討する。

あり、原産地国での税負担はゼロである。

この「仕入税額控除付き非課税」は、越境取引に対する付加価値税ルールを立法者が決めた仕組みであり、この仕組みを前提に代替的な課税手法を考えなければならない。そこで、物品の輸送が完了する場所（国）を課税地とする手法、すなわち仕向地原則による課税手法が選択されることになる[64]。

したがって、「課税の対象」に関する付加価値税指令の規定により、「域内で対価を得て行われる物品の域内取得」（指令2条1項b）および「物品の輸入」（指令2条1項d）は、付加価値税の課税対象となる。

(3) サービスの越境取引の考え方

税関通過を前提とする物品の越境取引は、仕向地原則により課税が行われるのに対して、税関通過を前提としないサービスの越境取引は、「サービスの提供地（place of supply of services）」で課税が行われる（サービスの提供地に関する原則規定は、BtoB取引について指令44条1文、BtoC取引について指令45条1文）。

サービスの越境取引のうちBtoB取引は、受給事業者から最終消費者に対して再販売されることを前提としているのに対し、BtoC取引は、最終消費者に対する販売である。消費税（付加価値税）の基本的な仕組みは、最終消費者が税負担をするものであるから、最終消費者へのサービス売上げであるBtoC越境取引は、「サービスの提供地」の特定が正確に行われる必要がある[65]。

このように、サービスの越境取引における「サービスの提供地」は、BtoB取引以上にBtoC取引では合理的かつ正確な特定が求められる。

---

[63] 日本では「輸出免税」とされるが、EU域内のルールでは「仕入税額控除付き非課税」とされる。
[64] このように説明するものとして、[van Doesum 2020] 295.
[65] この特定には合理的な正確性（reasonable accuracy）が求められる。[Spies 2019] 161. 他方、BtoB取引では受領事業者から最終消費者に売り上げられることが想定されるため、「サービスの提供地」の特定は、さしあたって当事者間の契約内容や合意事項によることで足りる。

しかしながら、受領側が事業者でないBtoC取引では、提供地特定のための合理的かつ正確な情報を当該受給者から得ることは期待できない。そのため、サービスのBtoC越境取引の従来の域内ルールは、サービスの受給者でなく、サービスの提供者の所在地を「提供地」としてきた。これは、仕向地で課税を行うルールとは異なる。

ただし上記のルールは、2010年1月より大きく変更された。すなわち、サービスの越境取引全般について、「実際に消費がなされる場所 (the place where the actual consumption takes place)」での課税が目指されることになった。

この改正について理事会は、次のように説明している[*66]。

「域内市場の実現、グローバル化、規制緩和および技術革新により、サービス取引の量および形態は大きく変化した。……これに対応して、多くのサービスが仕向地原則にもとづき課税がなされるようになってきた。

域内市場が正しく機能するために、サービスの提供地に関する付加価値税指令は修正され、共通付加価値税の現代化と簡素化という欧州委員会の戦略を進めなければならない。

すべてのサービスの課税地は、実際に消費が行われている場所でなされなければならない。サービスの提供地に関する原則ルールがこのように変更がなされるのであれば、この原則ルールの例外は、執行と政策の理由から、なおも必要となるであろう。

事業者に対するサービスの提供について、サービスの提供地の原則ルールは提供者の所在地ではなく、受給者の所在地でなければならない。……［筆者注：他方で］事業者でない者に対するサービス提供については、サービスの提供地の原則ルールを引き続き提供者が事業を行っている場所としなければならない。［筆者注：しかしながら］特定の状況では事業者に対するサービスの提供についても、事業者でな

[*66] Council Directive 2008/8/EC of 12 February 2008, *Official Journal of the European Union*, L 44/11.

い者に対するサービスの提供についても、原則ルールがあてはまらないことがあり、そのようなときには原則ルールが除外されるべきである。そのような原則ルールの除外は、既存の基準および<u>消費地課税原則（the principle of taxation at the place of consumption）</u>に拠らなければならないが、その際には関係する事業者に過度な事務負担を課してはならない。」

※　下線は筆者による。

　この理事会による指令改正の趣旨説明から、二つのことが明らかとなる。
　第一に、EU域内の付加価値税共通ルールの目的は、「付加価値税の現代化と簡素化」である。EU域内の付加価値税の最終目標は「統一付加価値税」であるが、現実的にはその実現時期は未定である。したがって、その実現までは暫定制度としての付加価値税共通ルールの目的は、「付加価値税の現代化と簡素化」である。
　第二に、サービスの越境取引について、BtoB取引は受給事業者の事業遂行地で、BtoC取引は提供事業者の事業遂行地での課税を原則ルールとしつつ、例外規定を設けながら実際にサービスが消費される場所での課税、すなわち「消費地課税」をめざしている。物品の越境取引は「仕向地原則」で機能する一方で、サービスの越境取引は「消費地原則」での制度構築をめざしているといえる。

(4)　消費地原則によるサービスの越境取引ルール

　上記の2010年の大きな改正は、続く2020年1月からの新ルールにより、消費地原則がさらに推進されている。
　まず「BtoB越境サービス取引」について、「課税事業者へのサービスの提供地は、当該者が事業を遂行している場所」（指令44条）が原則ルールであり、これは消費地原則に合致している。
　次に「BtoC越境サービス取引」について、「課税事業者でない者へのサービスの提供地は、当該提供者が事業を遂行している場所」（指

令45条）[67]が原則ルールであり、これは消費地原則に依拠していない。しかしながら、このBtoC取引の原則ルールには多くの例外規定を設けることにより、消費地原則による課税が推進されている。

例えば、仲介取引は契約の基礎となる取引が行われる場所（指令46条）、不動産にかかるサービス[68]は不動産が所在している場所（指令47条）、文化・芸術・スポーツ・教育等にかかるサービス提供はその活動が物理的に行われた（physically carried out）場所（指令53条、54条1項）、動産に対する修繕や鑑定はそれが物理的に行われた場所（指令54条2項b）、レストラン・ケータリング[69]はそれが物理的に行われた場所（指令55条）など、多くの例外規定が消費地原則に拠っている。

電信電話デジタルサービス（telecommunication, broadcasting and electronic services）のBtoC取引については、2020年の改正に先立つ2015年に新たなルールが導入され、「受給者である事業者でない者が住所または居所を有する場所」が提供地とされることとなった（指令58条）[70]。

(5) 原則ルールの調整——「効果・便益ルール」

域内共通ルールである指令は、域内付加価値税が完全統合でない暫定段階であることを前提として、原則ルールを踏まえつつ、例外規定を活用することで消費地での課税を志向している。

原則ルールの尊重が基本であるが、原則ルールの形式適用により、二重課税状態や二重不課税状態が生じることがあり得る[71]。そこで

---

[67] この44条と45条には、サービス提供が固定的施設（fixed establishment）に向けて行われている場合、または固定的施設から行われている場合の規定が含まれているが、固定的施設については本書第4章Ⅲで詳述する。

[68] 例えば、不動産仲介サービスや宿泊施設の提供など。

[69] 機上や船上でのサービスは除く。機上や船上での食事提供サービスは、乗客が搭乗または乗船した場所が提供地となる（指令57条）。

[70] 旧ルールでは、電信電話サービスの提供事業者が域内の事業者である場合には、当該提供事業者が所在する場所が提供地であった。したがって、電信電話サービスの提供者にとって、域内で最も税率が低いルクセンブルクに拠点を置く選択が有利となった。新ルールに対して最も強く反対したのは、いうまでもなくルクセンブルクである。

付加価値税指令は、次の規定を置いている。

> **付加価値税指令59a条**
> 　二重課税、二重不課税または競争の阻害を回避するため、加盟国は、本指令44条、45条、54条1項、56条[*72]、58条および59条[*73]により定められるサービスの提供地につき、
> 　ａ．サービスが域内で行われているが、その効果と便益が域外で生じている場合には、当該サービスの提供地を考慮することができる。
> 　ｂ．サービスが域外で行われているが、その効果と便益が域内で生じている場合には、当該サービスの提供地を考慮することができる。

　消費地課税原則を考慮したサービスの提供地に関する原則ルールの適用により、二重課税や二重不課税等の支障が生じる場合には、当該サービスの効果と便益がどこに生じているかに鑑みて、加盟国はサービスの提供地を調整することができる。これは、「効果・便益ルール（the effective use and enjoyment rule）」と呼ばれる。

　このルールは、サービスの越境取引に対する原則ルールを尊重しつつ、実質的な視点から例外規定を設ける法的根拠となっており、消費地課税を進める役割を果たしている。しかしながら一方で、サービスの提供地に関するルールをさらに複雑にしている面もある。

[*71] 例えば、EU域外の事業者からEU域内の事業者でない者（最終消費者）にサービスの提供を行うとき、当該域外の国の課税ルールとEU域内の課税ルールにミスマッチがあるときに、二重課税や二重不課税が生じる。

[*72] 指令56条は、移動手段（車両や自転車等）のレンタルについて、借主の利用に際して移動手段が実際に置かれている場所を提供地とする。

[*73] 指令59条は、域外に住所または居所をもつ事業者でない者（最終消費者）に対するサービスの提供地は、当該者が住所または居所を有する場所とする。

4 法の濫用禁止原則

(1) 「法の濫用」とは

「中立原則」と「仕向地主義」は、付加価値税制度を支える基本原則と位置付けられる一方で、「法の濫用禁止原則（the principle of prohibition of abuse of law）」は、課税全般に適用される法の一般原則である。付加価値税があらゆる取引段階で課され、また、越境取引も課税対象となることから、契約当事者間で契約内容を調整したり、関係国の法令の違いを利用したりすることで、巧妙な租税回避や深刻な脱税が生じやすい。このような状況に対応するために「法の濫用禁止原則」は重要な役割を果たす。

欧州における法の「濫用原則（*abus de droit, fraus legis*）」は、欧州司法裁判所判例によって発展してきた。すなわち、ある個人に対してEU法が権利を付与していても、その権利行使が当該権利の濫用にあたるときは、これを認めないという法理である[74]。

法の濫用は、次の2要件をともに充足するときに認められる。

① 経済活動を行う者が、EU法の特典を得ようとするものの、当該EU法の要件充足のために不自然な方法を用いていること（主観要件）
② 形式的には要件が充足されているが、当該EU法の趣旨目的にはそぐわないこと（客観要件）

(2) 「Halifax事件」

この法の濫用禁止原則の適用を付加価値税において明確に示したのが、「Halifax事件」である。

---

[74] [Terra 2023] 61.

◆「Halifax事件」(欧州司法裁判所2006年2月21日判決)*75

【事実の概要】
　英国のH銀行は、その業務の大半が非課税取引であるため、仕入税額控除ができるのは負担した仕入税額全体の5％に満たなかった。そこで、H銀行はコールセンター開設にあたり、これにかかる仕入税額控除を受ける目的で、次のようなスキームを組んだ。

- H銀行は、その完全子会社であるA社との間で、完成後のコールセンターをH銀行がA社からリースをする契約を締結する。
- 上記のリース契約と同時にA社は、コールセンター建設をB社に委託する契約を締結する。
- B社は、H銀行とは特殊関係のないC社に上記建設を発注し、建設にかかる仕入税額をA社の課税売上げにかかるものとする。
- A社は、H銀行と当該コールセンターのリースバック契約（課税取引）を締結し、B社との取引で生じた仕入税額をH銀行に対する課税取引にかかるものとして控除する。

　このスキームにより、H銀行はコールセンター建設にかかる課税仕入額の控除を自らはできないものの、完全子会社のA社を通して仕入税額を回収することができる。
　本件では以下の諸点について、欧州司法裁判所の解釈を求めて付託された。
① 取引に事業目的 (business purpose) がなく、もっぱら仕入税額控除を行うためだけである場合、H銀行とA社の取引は、課税対象となる「物品サービスの提供」といえるか。
② 取引に濫用的行為 (abusive practice) が認められる場合、指令の解釈として仕入税額控除請求権を否認することができるか。
③ 濫用的行為の存否について、国内裁判所はいかなる要素からこれを確認することができるか。

【裁判所の判断】
① 「取引に経済目的がなく、もっぱら租税特典 (tax advantage) を得るだけのために行われたものであっても、それが『物品サービスの提供』および『経済活動』の客観的基準を充足しているかぎり、

*75　C-255/02.

当該取引は『物品サービスの提供』および『経済活動』に該当する。」*76
② 「濫用的行為は、次のような場合に認められる。第一に、指令の関係規定を形式的には充足しているが、当該規定の趣旨に反した租税特典が生じていること、第二に、多くの客観的要素により、取引の主たる目的が租税特典の獲得にあることが明らかな場合である。……仕入税額控除請求権にかかる取引が濫用的行為である場合、指令の解釈として、納税義務者の仕入税額控除請求権は認められない。」*77
③ 「本件では、H銀行が一連の取引を主導していること、取引にかかる資金はH銀行がすべて調達していること、コールセンターを終始占有してその便益を受けているのはH銀行であること、H銀行は保証契約によってC社との間に直接的な取引関係があること、A社およびB社は本件取引からなんらの事業上の利益を得ていないことが認められる。……濫用的行為が認められる取引は、そのような濫用的行為による取引がなければ行われていたであろう状況に戻して、再構築されなければならない。」*78

本件判決で示された法の濫用の判断基準（法の定める要件を形式的に充足しているが当該法の趣旨に反していること、および取引目的がもっぱら租税特典の獲得にあることが客観的に認められること）は、英国国内のみならず、EU域内の共通ルールにおいても確立した基準となっている。この判決は、とくに英国において、租税回避一般否認規定の制定に大きな影響を与えた*79。

欧州司法裁判所が「Halifax事件」で示した法の濫用禁止に関する理論は、課税実務にも大きな影響を与えた。とりわけ、仕入税額控除を行うことができない事業者（売上げのほとんどが非課税売上げとなる学校など）が、不動産取引について課税選択ができる制度（オプショ

---

*76 Para. 60.
*77 Paras. 74-75.
*78 Paras. 84, 94.
*79 ただし、後述のとおり、英国（2020年にEU離脱）の一般否認規定の対象に付加価値税は含まれない。これは、適用除外ということではなく、付加価値税における法の濫用禁止は、Halifax事件判決で判例法として確立しているからである。

ン制度)を利用して考案したスキームに対して、課税当局が権利濫用を根拠に仕入税額控除を否認し、これが争われた事件もある[80]。

(3) 法の濫用禁止原則の謙抑的な運用

法の濫用禁止原則は、「Halifax事件」で濫用行為の判断基準が示されたものの、その適用は謙抑的であるように思われる。すなわち、法の濫用の検討の余地はあるものの、他の指令規定によって課税取引に該当しないと判断できる場合には、当該他の規定が適用される。例えば、次のようなケースである[81]。

事 例 同グループ傘下の病院と会社との医療器具取引

加盟国X(付加価値税率20%、軽減税率10%)に所在するBH病院など複数の病院とBM社など複数の医療器具会社は、企業グループBグループを構成している。ただし、BH病院とBM社は別々の付加価値税グループ[82]に属している。

BH病院は、患者に供給する義足等の医療装具品(X国では軽減税率適用)の仕入れにかかる付加価値税について、BH病院の売上げのほとんどが非課税売上げであるために控除ができない。そこで、Bグループ内で協議し、次のような手法を選択した。

もともとBM社は、Bグループ傘下企業ではなく、退職者のための投資サービスを業としていたが、Bグループ傘下の医療器具販売を業とするBM社に組織変更をした。その組織変更の1か月後、BH病院は医療品等の代金1億1,000万ユーロ(税込)をBM社に前払をし、この前払日と同日かつ同額で、BM社は医療装具品をBグループ傘下ではない医療装具品卸売会社G社から購入した。BM社はただちにBH病院宛てに、「本体価格1億ユーロ・付加価値税1,000万ユーロ」と記

---

[80] 「Univ. of Huddersfield事件」(欧州司法裁判所2006年2月21日判決、C-223/03)。この事件も英国の国内裁判所から欧州司法裁判所の先決裁定を求めて付託されたものである。
[81] 「BUPA Hospitals事件」(欧州司法裁判所2006年2月21日判決、C-419/02)をもとにした事例である。対価の前払いに関する当時の第6指令10条2項は、現行指令63条および65条に基本的に引き継がれている。なお、同事件のBUPAグループは、当時EU加盟国であった英国の企業グループである。
[82] 付加価値税グループ(VAT group)については、第3章Ⅱで詳述する。

載したインボイスを送付した。

　この一連の取引により、BH病院は課税仕入れにかかる1,000万ユーロの仕入税額控除はできないものの、BM社は1,000万ユーロの納税義務を負う一方で、G社からの課税仕入れで負担した1,000万ユーロの仕入税額控除ができる。すなわち、Bグループ全体でみれば、BH病院の業務に必要な医療装具品仕入れについて、BM社を通して仕入税額控除ができることとなる。

　このような手法は、一つの企業グループが複数の付加価値税グループを組成することにより、本来仕入税額控除ができない課税仕入れについて仕入税額控除を可能にするということで、「法の濫用禁止原則」に抵触すると考えられるか。

> 考え方

① BH病院の仕入税額控除を可能とするために、BM社をBグループ傘下に取り込んだこと。
② BM社が傘下に入った直後にBH病院から前払がなされ、同日同額でBM社が課税仕入れを行っていること。
③ BH病院とBM社は同じBグループ傘下にありながら別個の付加価値税グループを組成していること。

　以上①から③の行為には違法性はないし、Bグループの節税戦略として許容範囲であるとも考えられる。一方で、BM社がBグループ傘下に入る前の業種、傘下に入った直後の前受けと同日同額のG社からの仕入れなど、BM社の存在と活動については不自然さも認められる。本事例は、濫用禁止に抵触するかどうかの判断が分かれるところである。

　このようなケースで、濫用法理を真正面から取り上げることも可能である[*83]。しかしながら、本事例のように濫用の有無を判断し難い場合には、本件取引の事実関係のうち「前払」を抽出して、その前払よって課税対象となる経済活動ないし資産の譲渡が行われたかどうかを判断することも可能であろう。

　前払について指令は、「物品サービスが譲渡されるとき、課税取引が行われることとなり、かつ、付加価値税は課税適状となる。」（指令63条）としつつ、「物品サービスが譲渡される前に支払がなされて代金に充当されるときには、付加価値税は支払が受領されて代金に充当

[*83] 「BUPA事件」でも、英国の国内裁判所が欧州司法裁判所の先決裁定を求めた際、「本件取引は権利濫用または法の濫用に該当し、仕入税額控除は否認されるか否か」が付託事項の一つに入っていた。

> される時点で課税適状となる。」(指令65条)と規定する。
> 　この付加価値税指令65条によれば、BH病院からBM社への前払は、その支払時点で課税取引が行われて課税適状になったといえる。
> 　しかしながら、63条と65条の関係をみたときに、前者が原則で後者が例外と位置付けることができ、その場合に「例外規定は厳格に解釈されなければならない」ということになる[84]。
> 　BH病院からBM社に前払はなされていても、それに対応して譲渡される物品が個別具体的に確定していない場合には、経済活動である課税取引が行われていたとはいえず、課税適状といえない[85]。

　これは、法の濫用禁止原則を適用して判断することを回避したといえるかもしれないが、法の濫用禁止原則の適用が謙抑的であることのあらわれともいえる。

(4) 「租税特典」を得るための「税負担調整行為」

　「Halifax事件」が法の濫用禁止の判断基準を示したことは、その後の英国における租税回避一般否認規定（2013年財政法第5部206条）制定に多大な影響を与えた。もっとも、英国の一般否認規定は付加価値税には適用されないし、英国はすでにEUから離脱している。しかしながら、付加価値税領域での法の濫用禁止原則を考える上で重要となる諸概念について、英国の一般否認規定は参考となるため、これを概観する。

　同法206条1項は、「本法第5部は、濫用的な（abusive）税負担調整行為（tax arrangement）から生じる租税特典（tax advantage）に対抗するために定める」と規定している。

　まず、「税負担調整行為（tax arrangement）」の定義について同法

---

[84] 「BUPA事件」判決、para. 45.
[85] 「BUPA事件」判決も、「このような状況で課税適状となるためには、課税対象となる取引の個別具体的内容すべてが確定していなければならない」とする（para. 48）。判決は、この前払をもってしてもBH病院とBM社との間に課税対象となる取引が存在していたとはいえないとした。したがって、両者間に課税対象となるべき取引がない以上、濫用の有無について「判断する必要はない」とした（para. 52）。

207条1項は、「あらゆる状況に鑑みて、課税特典の獲得が当該行為の主たる目的または主たる目的の一つであると合理的に結論付けられること」とする。

次に、「濫用的（abusive）」の定義について同法同条2項は、「関係租税法令との関係において合理的な行為とみなすことができない行為がなされていることをいい、以下の状況が考慮されなければならない。(a)行為の実質的結果が関係法令の依拠する諸原則および当該法令の趣旨に矛盾していないか、(b)結果達成のための手法に一つ以上の不自然または異常な（contrived or abnormal）な手段が含まれていないか、(c)行為が当該法令の欠陥に着目したものかどうか」とする。

そして、「租税特典（tax advantage）」について同法同条6項は、「『租税特典』は、以下のものを含む。(a)税の免除または軽減、(b)税の還付、(c)課税または税務調査の回避、(d)税務調査可能性の回避、(e)納税の後押しまたは還付の前倒し、(f)税額控除または計算に関する義務の回避」と規定する。

英国の立法は、まず、「租税特典を得るための税負担調整行為」と合理的に結論付けられるかどうかをテストする。次に、それが「濫用的である」と合理的に結論付けられるかどうかをテストする際に、「行為の結果が法の趣旨と矛盾すること」、「不自然または異常な手段が用いられていること」および「関係法令の脆弱性を利用していること」を考慮する。そして、「税負担調整行為であること」と「濫用的であること」が合理的に認定できるときに、一般否認規定が適用される。この手法は、「二重の合理性テスト（double reasonableness test）」と呼ばれる。

5 小　括

付加価値税の制度を支える原則は、第一に、「中立原則」である。この原則は、憲法が保障する「平等原則」を経済的側面から述べているようにも思われる。しかしながら「中立原則」は、競業する事業者

の存在を前提とする。それゆえ、「中立原則」の中核は、「(事業者の)事業活動中立（fiscal neutrality)」である。

　第二に、物品の越境取引の局面では、「仕向地原則」によって「事業活動中立原則」は実現される。サービスの越境取引については、税関の通過という手続を経ないことから、「サービスが実際に消費される場所」で課税されることが目指される。この「消費地課税」は、サービスのBtoB取引では比較的可能であるが、BtoCでは消費地の消費者に申告納税を期待することが難しい。そこでサービスのBtoC取引は、提供事業者の所在地を課税地とすることを基本としつつ、サービスの効果と便益が生じている場所で課税をするという「効果・便益ルール」によって、付加価値税指令中に多くの例外規定を設けている。

　第三に、とくに仕入税額控除権を行使するために仕組まれる「税負担調整行為（tax arrangement)」に対しては、「法の濫用禁止原則」により法の濫用の有無が考慮される。納税者の行為が不自然で通常でない場合（主観要件）、および納税者の行為が関係法令の趣旨目的にそぐわない場合（客観的要件）には、その行為は濫用的であると認定され、当該事業者が獲得を目指した租税特典は得られない。しかしながら、現代ビジネスの複雑化や事業目的の多様化により、濫用の認定はきわめて難しい。それゆえ、「法の濫用禁止原則」の適用は謙抑的であるように思われる。

第2章

課税対象と納税義務者
―付加価値税における「事業」

「消費税を徴収することになる事業者たちは、新税をこなしていけるかどうか不安だったはずだ。彼らにとって簡素であることが重要である。」

ロジャー・ダグラス（1987年）

本章のポイント

○日本の消費税法の「事業者」概念は、所得税法の「事業者」や法人税法の「法人」に依拠する。他方、欧州付加価値税における納税義務者としての「事業者」は、「あらゆる経済活動を独立して行う者」であり、その範囲は広い。

○日本の消費税法では、「資産の譲渡」の解釈は、「資産としての同一性を保持しつつ他人に移転すること」とされるが、欧州付加価値税における「物品の提供」は、付加価値税指令が「所有者としての処分権の移転」と規定している。

○小規模事業者の課税最低限売上高（日本でいう「免税点」）は、行政コストを考慮した「少額不追及」による。他方、中規模事業者に対する特例は、課税の公平や中立を損なうものとなっている。

I 「事業者」と「経済活動」

1 課税対象と納税義務者に関する付加価値税指令の内容

　欧州付加価値税の課税要件のうち、「課税対象」と「納税義務者」について、付加価値税指令の構造を確認する。
　付加価値税の課税対象となる取引とは、以下のとおりである。

> 付加価値税指令2条1項
>   以下の取引には、付加価値税を課する。
>   a．事業者が事業者として*1加盟国内で対価を得て行う物品の提供（supply of goods）
>   b．加盟国国内で対価を得て行う物品の域内取得（intra-Community acquisition of goods）
>   c．事業者が事業者として加盟国内で対価を得て行うサービスの提供（supply of services）
>   d．物品の輸入（importation of goods）

　上記付加価値税指令において課税対象となる国内取引は、「物品の提供」と「サービスの提供」であるが、それは「事業者が事業者として」行われるものでなければならない。付加価値税指令における「事業者」は、付加価値税指令9条1項で以下のとおり定義されている。

> 付加価値税指令9条1項
>   「事業者」とは、あらゆる場所であらゆる経済活動（economic activity）を独立して（independently）行う者をいい、その目的や成果を問わない。
>   製造者、取引者またはサービス提供者のあらゆる活動は、採掘作業、農作業および職業活動を含めて、「経済活動」とみなされなければならない。とくに、継続的に収入を獲得する目的による有形資産および無形資産の利用は、経済活動とみなされなければならない。
>   ※　下線は筆者による。

　このように、付加価値税の納税義務者としての事業者は、「あらゆる経済活動を独立して行う者」である。

---

*1　英語版の原文の直訳は、「納税義務者が納税義務者として（a taxable person acting as such）」であるが、後述の指令9条1項の「納税義務者」の定義により、本書では「事業者」と訳すこととする。「事業者」の用語を使うことにより、日本の消費税法の「事業者」概念と対比して検討することができると考える。

2 「経済活動を独立して行う」の意味

付加価値税指令9条1項による「事業者」の要件は、「独立していること」と「経済活動を行っていること」である。このうち「独立していること」の意味について、指令は以下のように規定している。

> **付加価値税指令10条**
> 　9条1項の経済活動を「独立して」行うという要件につき、被用者およびその他の者で、雇用契約または労働条件・報酬・雇用者責任に関する労使関係を定める法的取決めによって雇用者に拘束される者は、これに該当しない。

このように付加価値税指令は、納税義務者としての事業者を「雇用契約等による雇主からの拘束なしに経済活動を行う者」と動態的に定義している[2]。

「経済活動」の意味については、付加価値税指令9条1項が「製造者、取引者またはサービス提供者のあらゆる活動」に加え「継続的に収入を獲得する目的による有形資産および無形資産の利用」も含めて「経済活動」としており、その範囲は広い。このように、事業者の活動を広く「経済活動」に取り込むのは、納税義務者である事業者を定める規定でその範囲を限定すると、最終消費者までに至る一連の活動に対する課税が途中で切断されてしまうためであると説明される[3]。すなわち、「あらゆる経済活動を独立して行う者」が、対価を得て、物品サービスの提供を行うときに課税が考慮されるのであるから、課税の第一関門である納税義務者である事業者を過度に制約はしないということ

---

[2] これに対して日本の消費税法は、基本的に所得税法や法人税法の事業者または法人概念に依拠し、静態的に定義している（消費税法2条1項）。

[3] [van Doesum 2020] 113. 製造から最終消費者に至る一連の取引が円滑に課税され、かつ、事業者が負担する仕入税額が円滑に控除されることが消費課税の根本である。

である。

❸ 「対価」の意味

　事業者の活動を広く「経済活動」に取り込むとしても、対価を得ないでサービス提供が行われる場合には、経済活動には該当しない。

　例えば、欧州司法裁判所の「Hong Kong Trade Development Council事件」（欧州司法裁判所1982年4月1日判決）[*4]では、「サービス提供がもっぱら無償で行われる場合、そこでは税額算定の基礎がないのであるから、そのような無償のサービス提供は課税対象とはなり得ない」[*5]という説明がなされている。

　また、対価を得て行われたものであっても、物品サービスの提供者とその受給者との間に一定の法的関係またはそれに類似する関係がない場合には、「経済活動」とはいえない。

　例えば、通行人から投げ銭を得るストリートミュージシャンの活動が「経済活動」に当たるかどうかが争われた欧州司法裁判所の「Tolsma事件」（欧州司法裁判所1994年3月3日判決）[*6]では、「サービスの提供が対価を得て行われるときに課税対象となるが、そこにはサービスの提供者と受給者の間に法的関係があることが必要なのであって、提供者が得る報酬は、受給者に提供されるサービスに対する価値に相応するものでなければならない。本件では、そのような要件が充足しているとはいえない。……［筆者注：その理由として］第一に、通行人は自分で決めた金額を投げ入れているのであり、当事者間に［対価に

[*4] C-89/81. 香港政府により香港法にもとづいてオランダ国内に設立されたHカウンシルは、香港との貿易に関してオランダ国内事業者に無償で情報や助言の提供を行っていた。Hカウンシルは、香港政府機関ではないが、その経費は香港政府によって賄われていた。Hカウンシルがその付加価値税申告において仕入税額控除を行ったところ、オランダ政府はHカウンシルの活動が「経済活動」に該当しないとして、これを否認した。この事件は、1967年指令（第2指令）の下で争われたものであるが、「経済活動」該当性の先例として位置付けられる。

[*5] Para. 10.

[*6] C-16/93.

関する〕同意が存在しない。第二に、ミュージシャンのサービスと通行人が投げ入れる金額との間に必然的な関連性がない。」[7]という説明がなされている。

付加価値税は、物品サービスの提供とそれに対する対価の交換原則（quid pro quo principle）によって成り立つ。そして何を対価とするかは、単に課税標準の問題だけでなく、納税義務者および課税対象に密接に関わる要素となる。

物品サービスの提供とそれを受ける受給者が支払う金額との間の関係がとくに問題となるのが、団体の活動に対する会費である。ある団体が、その会員に対して一律に請求する会費の付加価値税上の位置付けについて、欧州司法裁判所は次のような解釈を示している。

◆「Kennemer Golf & Country事件」（欧州司法裁判所2002年3月21日判決）[8]

【事実の概要】
　オランダに所在するKクラブは、その定款で「ゴルフの振興」をうたい、ゴルフ場とクラブハウスを設置している。その会員は約800名であり、会員は、年会費および施設利用料を負担することになっている。本件では、その年会費徴収がゴルフ振興目的であり、クラブ自体が事業者とはいえない場合であっても、それが課税対象となるサービスの提供に対する「対価」に該当するかどうかが争われた。とくに、施設を頻繁に利用する会員とそうでない会員がいる状況で、年会費と会員が享受するサービスとの間に直接関係（direct link）がないとしても、対価に該当するかが焦点となった[9]。

【裁判所の判断】
　裁判所は、非営利団体として付加価値税が課されない者が、真に設立目的のみを追求し、かつ、営利活動を行っていないかどうかに着目した上で、次のような判断を示した。

[7] Paras. 14, 15, 17.
[8] C-174/00.
[9] 欧州司法裁判所の先例である「Apple and Pear Development Council事件」（1988年3月8日、C-102/86）では、この「直接関係」を重視した。

> 「［筆者注：「Tolsma事件判決」に従い］サービスの提供は、提供者と受給者の間に互恵的な法的関係がある場合にのみ、課税がなされる[*10]。……
>
> 　欧州委員会が指摘するとおり、本件の年会費が定額で各会員のゴルフ場の利用頻度と関係ないとしても、クラブ会員とクラブとの互恵関係が変わるものではない。クラブから提供されるサービスは、会費を払う会員に施設と関連特典を利用させるというものであり、会員の要請に応じて特定のサービスが提供されるというものではない。したがって、本件会員の年会費と提供されるサービスの間には直接関係（direct link）が認められる[*11]。……
>
> 　クラブ施設を定期的に使う会員もそうでない会員も年会費を支払うとしても、第6付加価値税指令2条1項[*12]の解釈として、クラブにより提供されるサービスの対価となり得る[*13]。」

　以上のように、「物品サービスの提供」と「それに対する支払」との間に、提供者と受給者との間の法的関係にもとづく直接関係があるとき、当該支払は「対価」と認識される。すなわち、当該支払が物品使用またはサービス利用をすることができるための十分条件となり、それが認められれば課税対象の要件を充足することになる。

　これに対して、会費の対価性を制限的にとらえる考え方もある。それによれば、会費をもっぱら会の目的を遂行するための金員（真正会費）と、個々の会員に対して会が提供するサービスのための金員（不真正会費）に区分し、後者のみを課税に取り組むというものである[*14]。

4　活動の反復継続性

　事業者の行う活動が「経済活動」とされるためには、反復継続性は

[*10]　Para. 39.
[*11]　Para. 40.
[*12]　現行指令の内容と同じである。
[*13]　Para. 42.
[*14]　このような解釈につき、［Bunjes, Geist 2023］§10, Rz.71-73.

必要であろうか。

これについて、欧州司法裁判所の二つの判例をみていく。

◆「Ainārs Rēdlihs事件」(欧州司法裁判所2012年7月19日判決)[15]

【事実の概要】
ラトビア在住のR氏（課税事業者登録を行っていない）は、私的利用の目的で森を購入したところ、嵐によりその森の木の多くが倒木した。そこでR氏は、倒木の損害をいくらかでも取り戻すために、およそ19か月間、倒木を木材にして販売した。

R氏は、この木材販売を事業として認識せず、付加価値税の申告をしていなかったところ、所轄税務署は、R氏が課税事業者登録をしていないことに対して罰金を科した。

本件では、私的目的で森を購入した者が、嵐という想定外の状況によって木材販売をすることになった場合、この者は経済活動を行う事業者といえるかどうかが争われた。

【裁判所の判断】
「事業活動は独立的に行われなければならないという付加価値税指令9条1項の条件は、雇用契約または労働条件、報酬および雇用者の責任に関して雇用者と被用者間で合意された法律関係によって雇用者に拘束される被用者を除外するものである。……しかし、本件における販売は、R氏の名義および利益のために行われている。」[16]

「したがって、不可抗力による損失を取り戻すための販売であるということは、当該取引が付加価値税指令9条1項の『経済活動』とみなされるかどうかに影響を与えることはない。……私有の森の木材の販売といった、有形資産の果実の販売は、9条1項にいう財産の『利用（exploitation）』に該当する。」[17]

---

[15] C-263/11.
[16] Paras. 26-27.
[17] Paras. 29, 31. 欧州司法裁判所は、課税事業者登録の懈怠に対する罰金について、国内法でこれを課すことを認めるものの、比例原則の観点から、その目的を達成するために必要な範囲のものでなくてはならないとした (paras. 45-46)。
[18] C-219/12.

50　第2章／課税対象と納税義務者─付加価値税における「事業」

◆「Thomas Fuchs事件」(欧州司法裁判所2013年6月20日判決)*18

【事実の概要】
　居住家屋の屋根にソーラパネルを設置したオーストリア在住のＦ氏は、この装置には蓄電機能がないことから、電気をいったん電力会社に販売し、自宅使用分については売電価格と同価格で電力会社から買い戻すことにし、これを約３年間継続した。Ｆ氏は、これを事業活動と認識していたため、ソーラパネル設置にかかる仕入税額を控除した上で申告を行った。なお、Ｆ氏のソーラパネルで作り出される電力は、個人使用分を下回っていた。
　これに対してＦ氏の所轄税務署は、Ｆ氏が事業活動を行っている事業者ではないとして、その仕入税額控除を否認した。
　課税事業者登録をして複数年にわたって対価を得ているという点では、Ｆ氏は該当するといえる。しかしながら、設置したソーラパネルには蓄電機能がないことから電力会社に売電したという事情、そして売電量より使用量の方が多いという事情であった。これらをふまえて、Ｆ氏の事業者該当性が争われた。

【裁判所の判断】
　まず形式において、Ｆ氏が課税事業者登録をしていることは、事業者該当性を推認させるものとなる。次に、活動の実質において、Ｆ氏と電力会社間の契約内容(契約期間の設定および電力会社による買取価格)は、Ｆ氏の経済活動の継続性と対価性を客観的に示すものとなる。さらに共通ルールは、経済活動における最終的な利益の有無を問題にしていない。以上のことを踏まえて、裁判所は、次のような判断を示した。
　「当裁判所の先例によれば、『事業者』および『経済活動』の定義を検討するにあたり、『経済活動』の範囲はきわめて広く、その性質において客観的であることが示されている。……本件ソーラパネルによる電気の電力会社への供給からは所得が発生しており、指令にいう『経済活動』の要件を充足するものといわなければならない。……個人使用分の電気買戻しにつき、発電して売却した電力量と個人使用の電力量との関係は、その販売を経済活動とすることに影響を及ぼさない。」*19
　「[著筆注：第６付加価値税指令４条１項—現行付加価値税指令９条

---

*19　Para. 17, 28, 31.

Ｉ／「事業者」と「経済活動」　51

1項―の解釈として〕ソーラパネルの設置または居住家屋への送電は、(i)発電量は自宅使用量より常に少ないこと、(ii)継続的に所得を得るために送電網に供給されていることが想定されており、「経済活動」に該当する。」[*20]

　この二つの判例をみるかぎり、事業者の課税事業者登録という手続の有無にかかわらず、また、活動内容が事業というには不十分であったとしても、対価を得ながら一定期間行っている活動であれば、「経済活動」が認定される。

5　事業者概念の拡張

　事業者概念を広めにとらえることは、上述のとおりであるが、「サービスの提供」の局面では、その範囲がさらに拡張される。これについて、以下の欧州司法裁判所判決で確認する。

◆「Wellcome Trust事件」（欧州司法裁判所2021年3月17日判決）[*21]

【事実の概要】
　この事件の前提として、サービスの提供地に関する指令は、次のような定めを置いている。付加価値税指令43条1項は、「付加価値税指令2条1項が定める物品およびサービスの課税取引に該当しない活動または取引もまた行っている事業者は、その者に対するすべてのサービスについて事業者とみなす」と定める。また、付加価値税指令44条は、「事業者として活動を行う者に対するサービスの提供地は、当該事業者の事業遂行の場所[*22]とする。」と定める。
　英国に所在するW社は、医学研究を後援するW財団の唯一の信託受

[*20]　Para. 37.
[*21]　C-459/19.
[*22]　この「事業者の事業遂行の場所」(the place where that person has established his business) とは、事業の中核となる管理機能が遂行されている場所をいう（指令規則10条1項）。

益者である。W社は課税事業者登録をしているが、その収入の大部分はW財団からの利益の投資によるものであり、その保有資産の販売または貸付けからの収入はわずかである。

W社の投資先は国外のものが多いため、国外の投資コンサルタントから助言を受けていた。W社は、EU域外から行われたコンサルティングサービスにつき、当初は付加価値税指令44条に従ってサービスの提供地を英国と認識して納税をしたが、その後、付加価値税指令44条の「事業者として活動を行う者」に該当しないとして税額還付を求めた。しかしながら、課税庁(英国歳入関税庁)がこれを認めなかったため、W社は国内裁判所に提訴した。

国内裁判所は、経済活動を行っていない慈善団体が運営資金強化のために投資活動を行っている場合、そのような団体が「事業者として活動を行う者」に該当するかどうかの解釈を求めて、欧州裁判所に付託した。

【裁判所の判断】
欧州司法裁判所は、W社のように課税事業者登録は行っているが、基本的に経済活動を行っていない者が、経済活動に該当しない活動(投資)のためにサービス提供を受ける場合、「事業者として活動を行う者」としてサービス提供を受けたものと解釈されなければならないとした。その理由は、以下のとおりである。

「付加価値税指令43条1項によれば、サービスの提供地に関するルールの適用上、付加価値税指令2条1項による課税取引と、課税取引に該当しない取引の両方を行っている事業者は、その者に対するサービスすべてについて事業者とみなすとしている。すなわち、付加価値税指令43条1項の規定は、サービスの提供地に関するルールの適用についてのみ、『事業者』概念を拡張して修正している。……経済活動目的でない活動をしている事業者を『事業者として活動を行う者』とみなすからといって、経済活動目的も事業遂行能力もなく、もっぱら私的目的の活動までにも付加価値税指令44条が適用されて納税義務者になってしまうというわけではない。……付加価値税指令44条の適用上、事業者は事業遂行能力があるかぎりにおいて、その経済活動目的でない活動について納税義務者となるのである。……信託受益者であるW社の経済活動目的でない活動は、W財団の資産管理をするための株式や有価証券購入を内容とするものであり、それは事業活動であって私的活動ではない。したがって、その事業のためにサービスの提供を受

＊23　判決文、paras. 37, 41, 42, 46.

ける場合、そのサービスが自社またはスタッフの個人的用途でないかぎり、納税義務者として活動を行う者に対するサービスの提供となる。」[23]

　本件は、越境サービスのBtoB取引に対する課税地を受給事業者の所在地とするEU域内のルール（いわゆるリバースチャージ）[24]に関するものであるが、このサービスの提供地ルールに関して、納税義務者である事業者の概念を拡張している点が注目される。このような拡張解釈が行われるのは、越境サービス取引の提供事業者は、相手方の課税事業者番号によってこれを事業者と認識し、自ら納税義務はないと判断する可能性が否定できないからである。したがって、経済活動目的でない活動をしている者であっても、課税事業者番号を有しており、かつ、事業者としての活動を遂行できる者は、当該越境サービス取引の納税義務者とされるのである。すなわち、越境サービス取引における納税義務者は、事業者としての「資格」と事業者としての「能力」を有している者である[25]。

　欧州付加価値税における「事業者」は、その範囲を広くとらえることを前提としながら、以下の点を押さえておく必要がある。

　第一に、付加価値税指令2条1項の「対価を得て」の要件も重要である。対価性のない取引はもとより、提供者と受給者との間で対価が定められていない場合には、課税の対象とならない。

　第二に、課税事業者登録は事業者が経済活動を行っていることを推認させるものではあるが、活動の実態、すなわち当該事業者が自己の名義で自己の利益のための活動を行っているかどうかが重要である。その活動の「目的および成果」は問われない（指令9条1項）。

　第三に、経済活動の継続性についての規定はないが、対価を得る活動が独立して一定期間行われている客観的状況が重要であり、活動を行う者の主観的意図はこの客観的状況を覆すものとはならない。

　第四に、サービスの越境取引についてリバースチャージ方式がとられるときには、「事業者」概念が修正される。リバースチャージ方式

---

[24]　本書第4章Ⅲで詳述する。
[25]　[van Doesum 2020] 639.

の下では、サービスの受領側事業者が納税義務を負うところ、当該事業者が課税事業者登録を行った上で、課税対象となる経済活動とそうでない活動を行っている場合、その活動区分をサービスの提供側事業者は容易に認識することができない。そのため、受領側事業者の活動すべてについて、事業者が行う経済活動とみなされる。このように、事業者概念は広いだけでなく、制度に応じて可変的でもある。

6 違法取引

　違法取引も事業活動として課税の対象とするかどうかについては、所得課税における場合と同様、まずは合法取引との競争中立の考慮がなされなければならない。

　しかし、合法であろうと違法であろうと、利益が発生して担税力が増しているならば課税されるべきだという所得課税とは異なり、一連の流通経路（economic channel）における各取引が課税対象となる消費課税においては、そもそもその取引が事業者による経済活動といえない場合には、課税の対象とはならない。

　これに関して、麻薬売買という違法取引をめぐる二つの欧州司法裁判所の判決が注目される。

◆「Happy Family事件」（欧州司法裁判所1988年7月5日判決）[*26]

【事実の概要】
　青少年センターH会は、薬物治療目的でオランダ国内に設立され、治療目的の麻薬ハシッシュを購入していた。このハシッシュは、オランダ国内はもとより、EU域内のすべての国で売買が禁じられているが、オランダ国内では国内法で禁止麻薬になっていたものの、検察庁と警察の取決めにより、治療目的の少量の売買については摘発をしないという扱いになっていた。H会はこのハシッシュを麻薬販売人から

---

*26　C-289/86.

購入していたところ、オランダの課税当局がこの取引に対して課税を行ったことから、H会が課税の取消しを求めたものである。
　欧州司法裁判所の先例[27]によれば、違法麻薬の域内への輸入について、それが治療用として権限ある機関によって厳格に管理されている流通経路において取引が認められた場合には、輸入売上税は課されない。このルールが、加盟国の国内取引にも適用されるかどうかの判断を求めて、欧州司法裁判所に付託された。

【裁判所の判断】
　「事業活動中立原則」[28]は、付加価値税に関するかぎり、合法取引と違法取引の一般的な差別的取扱いを禁じている。しかしながらこのルールは、その性質ゆえに特殊な取扱いを受ける麻薬のような製品の供給には妥当しない。それらは、加盟国すべての国において流通販売が厳しく禁じられており、例外的に治療目的においてのみ厳格な管理の下で流通が認められているのである。このような特殊な状況において、合法ビジネスと違法ビジネス間の競争が完全に排除されている場合には、付加価値税を課さないことが事業活動の中立原則に反しているとはいえないのである。」[29]

◆「Coffeeshop Siberië事件」（欧州司法裁判所1999年6月29日判決）[30]

【事実の概要】
　オランダでは、売買が事実上容認されているソフトドラッグを、「コーヒーショップ」と呼ばれる場所で売買することができる。このようなコーヒーショップを営むSは、ソフトドラッグ販売人に料金制で店内のテーブルを貸し出していたところ、課税当局が付加価値税の課税処分を行ったものである。この処分に対してSは、上記「Happy Family事件」での欧州司法裁判所判決を根拠に、違法麻薬の取引は課税対象とならず、その取引のための場所の提供も課税対象にはならないと主張した。

【裁判所の判断】
　欧州司法裁判所は、「Happy Family事件」で示された麻薬取引に対

---

[27]　「Einberger事件」（欧州司法裁判所1984年2月28日判決、C-294/82）。
[28]　本書第1章Ⅱ参照。
[29]　Para. 20.
[30]　C-158/98.

> する課税基準を踏まえつつ、本件では一定のソフトドラッグに対する取締りが緩められていたことに注目し、「市場におけるソフトドラッグ販売が厳格に禁止されているとはいえ、『事業活動中立原則』の適用は正当化される」とした上で、次のような判断を示した。
> 　「本件で問題とするべき事項は、麻薬販売が課税対象となるかどうかではなく、麻薬販売のための場所の提供というサービス提供が課税対象となるかであ［る］。……商売として場所を貸し出すことは、原則として、指令にいう経済活動である。そこで行われていることが犯罪行為であったとしても、場所の貸出しという経済活動該当性は変わらず、このような業態においては、合法取引と違法取引との間の競争は存在する。これに課税が行われないのは、付加価値税制度の中立原則に反する。」[*31]

　違法取引に対する付加価値税は、当該取引が事業者間の競争が存在する流通経路で行われていることが前提となる。すなわち、違法取引により生じた利益に対する課税ではない付加価値税において、事業活動に対する中立が確保できない状況において課税対象となる経済活動が認識されることになる。

7　小　括

　付加価値税における「事業者」は、納税義務者であり、かつ、仕入税額控除請求権者であるかどうかの判断に決定的な意味をもつという点で、付加価値税制度の中核概念である[*32]。

　付加価値税における事業者概念は、一定の法的基準を充足することによって定義されるものではなく、ある者の活動全体を観察してそこから判断されるもの、すなわち開かれた概念といえる[*33]。

　納税義務者としての事業者となるためには、経済活動を独立して

[*31]　Paras. 19, 22.
[*32]　[Birk 2023] Rz. 1636.
[*33]　[Birk 2023] Rz. 1639. この点、日本の消費税法は、「事業者」の定義を所得税法の事業者および法人税法の法人の概念に依拠している。

行っていなければならない。この独立性の判断は、積極的基準ではなく、消極的基準、すなわち「他者の指示命令に服していないこと」という基準による。他者の指示命令に服していることの典型は、雇用契約にもとづく被用者の立場である[*34]。

　この「事業者」該当判断にとって重要な概念が、「経済活動」である。これは、合法取引だけでなく違法活動も含むが、同一市場で事業者間の競争状態がある場合に、課税対象となる経済活動であると判断される。

　欧州付加価値税における「事業者」の範囲は広い。課税事業者番号登録だけでは事業者とはされないが、その活動が独立して行われる経済活動であれば、事業者とされる。しかも、サービスの越境BtoB取引の局面では、その範囲が拡大される。

　このように、付加価値税課税の第一関門である「事業者」該当に関する指令の規定は複雑である。そのため、納税者と課税当局間の法的紛争が頻発する。事業者に該当しない場合、納税義務を負わない反面、仕入税額控除権を行使できない。

　欧州付加価値税をある意味反面教師とし、簡素かつ効率的な付加価値税（物品サービス税）を導入したニュージーランドは、導入に際して事業者の便宜を最大限考慮したことで知られる。導入当時の財務大臣であったロジャー・ダグラスは、円滑な新税導入の理由について次のように述べている。

「消費税を徴収することになる事業者たちは、新税をこなしていけるかどうか不安だったはずだ。彼らにとって簡素であることが重要であるからこそ、単一税率で非課税のない仕組みにしたのである。これこそが税制改革が事業者たちに首尾よく受け入れられた大きな理由だと思う。」[*35]

[*34] 独立性要件を消極基準によるものとしつつ、自己の計算と危険により活動が行われていることを独立的活動とするものとして、[Birk 2023], Rz. 1638.
[*35] [Tait 1988] 55.

Ⅱ 課税取引

1 「物品の提供」と「サービスの提供」

　付加価値税指令2条1項aおよびcにより、加盟国国内において「事業者が事業者として対価を得て行う物品の提供（supply of goods）」および「事業者が事業者として域内で対価を得て行うサービスの提供（supply of services）」は付加価値税が課される[36]。すなわち、「事業者」により行われる「物品の提供およびサービスの提供」が課税対象となる。

　国内取引としては、「物品の提供」および「サービスの提供」、越境取引としては、「物品の域内取得」および「物品の輸入」[37]の四つの取引が、付加価値税指令が定める課税取引（taxable transaction）である。

　国内取引としての「物品の提供」および「役務の提供」について、付加価値税指令は以下のように定義する。

> **付加価値税指令14条1項**
> 　「物品の提供」とは、有形物の所有者としての処分権を移転することをいう。

---

[36] これらの国内取引のほか、域内で行われる物品の取引（域内取得、intra-Community acquisition）および物品の輸入が付加価値税の課税対象となる（指令2条1項b・d）。日本の消費税法は、「資産の譲渡」と「役務の提供」と定め、「譲渡」と「提供」を使い分けているが（消費税法2条1項8号）、本書では指令英語版の"supply"を用い、物品もサービスも「提供」とする。なお、ドイツ売上税法は、「物品の提供」を「物品の供給（Lieferung）」、「サービスの提供」を「その他の提供（sonstige Leistung）」と使い分けている。
[37] 域内取得と輸入については、本書第4章Ⅰで詳述する。

> 付加価値税指令24条1項
>   「サービスの提供」とは、物品の提供に該当しないあらゆる取引をいう。
>
> 付加価値税指令25条
>   サービスの提供には、とくに、以下の取引も含まれる。
>   a．その名称記載の書類表書きにかかわらず、無形資産の譲渡
>   b．ある行為を断念する義務、またはある行為ないし状況を受忍する義務
>   c．公共機関若しくは法により、またはその名義において行われる命令遂行のためのサービスの実施

　以上のように、「物品の提供」は有形資産の譲渡に限定される一方で、「サービスの提供」の範囲は広く、対価を得てある行為を差し控える（例えば、競業者から金銭を得て自らの事業を廃業する）または対価を得てある状態を受け入れる（例えば、自宅を賃貸する）ことを含む[*38]。

　「物品の提供」も「サービスの提供」もともに課税対象になるのだから、あえて両者を分ける必要はないようにも思われる。しかし、物品は国境管理が可能であるのに対して、サービス（とくにそれがデジタルコンテンツである場合）はそれが困難である。したがって、とくにサービスが国境を越えて提供されるときには、「提供の場所」の特定が必要になる。

　「物品」と「サービス」の区別は、一見容易そうであるが、例えば情報がインストールされている電子媒体について、これがいずれに属するかは検討の余地がある。例えば、ソフトウエアの販売が物品の提供かサービスの提供かについて、欧州司法裁判所は下記のような判断を示している。

[*38] このように「放棄」や「受忍」も含まれることから、例えば日本で問題となる立退料も、家主から支払われる金銭をもって居住の継続を断念するという観点からは、賃借人から家主に対するサービスの提供とみることもできよう。日本の判例として、東京地裁平成9年8月8日判決・行集48巻7・8号539頁参照。

◆「Levob 事件」（欧州司法裁判所2005年10月27日判決）*39

【事実の概要】
　オランダのソフトウエア販売会社 L 社は、米国の顧客に対して、保険サービスの管理用ソフトウエア（販売後のカスタマイズ付き）を販売した。L 社は、これを物品の提供として輸出免税としたが、オランダの課税当局は、これはサービスの提供であり、その提供地はオランダであるとして課税を行ったため、L 社は課税取消しを求めて国内裁判所に出訴した。国内裁判所は、本件ソフトウエア販売がいずれに当たるかの解釈を求めて、欧州司法裁判所に付託した。

【裁判所の判断】
　「[筆者注：課税対象を定める指令の解釈として] 事業者から顧客に対する複数の要素または行為が、相互に緊密に関連しており、別々のような外観でも事業として客観的にみれば全体取引を形成している場合には、付加価値税の課税において1個の取引とされる。このことは、事業者が顧客に対してすでに完成した標準ソフトウエアを販売し、事後に顧客のニーズに合わせてカスタマイズする場合に、それが別個の価格設定がなされているとしても、同様に当てはまる。[筆者注：サービスの提供を定める指令の解釈として] 当該カスタマイズが些細なものでも付随的なものでもなく、むしろ主要なものである場合、すなわちカスタマイズの範囲、費用あるいは期間が顧客の利用にとって決定的に重要である場合には、それは『サービスの提供』に分類される。」*40

　サービスを伴う物品が販売される場合、そのサービスが購入者にとってより重要である場合、仮に価格が別々に設定されていたとしても、全体として1個のサービスとするというのが、欧州司法裁判所の解釈である。

---

*39　C-41/04.
*40　Para. 30. 本判決にかかる法務官意見では、サービスの提供に分類される具体的な例として、「標準ソフトウエアのカスタマイズが顧客の使用上きわめて重要である」「カスタマイズがきわめて高額であって付随的サービスとはいえない」および「サービスの要素が取引全体の価値の主要部分を占める」を挙げている。

Ⅱ／課税取引　　61

2 「処分権の移転」の意味

　物品の提供とは、「処分権の移転」である（指令14条1項）。ここで、「所有権の移転」ではなく、「所有者としての処分権の移転」としていることに注意しなければならない。

　「処分権の移転」とは、契約によって一方当事者から他方当事者へ、所有権者同様の処分権（その利用開始と利用終了を決められる権利）が実際に移転することをいうと解される[*41]。

　この解釈によれば、例えばリース取引において、所有権は移転していなくても処分権が移転していれば課税対象となり得る。

　「Eon Aset Menidjmunt事件」（欧州司法裁判所2012年2月16日判決）[*42]では、リース契約における処分権の移転が問題になった。ブルガリアのE社は、営業用車両をカーリースにより調達するのに際し、リース会社との間で5か月のオペレーティングリース契約を結んだほか、別のリース会社との間で4年間のファイナンスリース契約[*43]を結んだ。E社は、両リース契約が課税取引であることを前提として仕入税額控除を行ったところ、課税当局はこれを否認した。

　欧州司法裁判所は、自動車のオペレーティングリース契約取引については「サービスの提供」とし、他方、自動車のファイナンスリース契約取引については物品（資本財）の取得として「物品の提供」とし、ともに課税取引になると結論付けた[*44]。

　これは、ファイナンスリースが定型的に「物品の提供」となるというわけではない。本件ファイナンスリース契約では、リース期間中は利用者（E社）に自動車の所用者と同視できるあらゆる重要な権限が

---

*41　[van Doesum 2020] 202.
*42　C-118/11.
*43　典型的なファイナンス契約では、ユーザーが選択したものをリース会社が購入する形態をとり、その購入代金および諸費用の全額をベースにリース料が設定され、通常は中途解約ができない。
*44　Paras. 33-34.

移っていること、また、自動車の所有者であれば負担することになる諸リスクを利用者（E社）が負っていることが理由とされている[*45]。

3 特殊な取引

付加価値税指令は、特殊な課税取引について個別に規定を設けている。本書ではその代表的なものとして、仲介取引、旅行代理取引および中古品販売取引についてみていく。

(1) 仲介取引

顧客と事業者の間を仲介する仲介業者（Commissionaire）による取引の場合、仲介業者は本来の売主である事業者（以下「本来の事業者」という）の詳細を顧客に示さず、インボイスも仲介業者名で行われることが多い。そうなると顧客は、売主である本来の事業者を記載していない不完全なインボイスによって、仕入税額控除を請求することになる。厳密にいえば、顧客が完全なインボイスを要求する場合、仲介業者は本来の事業者の記載のあるインボイスを発行しなくてはならないが、1個の取引に二つのインボイスが存在するという奇妙な状況が生じる。

付加価値税指令はこの仲介取引に関し、次のような規定を置く。

付加価値税指令14条2項c
　仲介に対して購入または販売の手数料が支払われる契約による「物品の提供」は、付加価値税の課税対象とする。

付加価値税指令28条
　自己の名義において他者に代理して取引を行う事業者がサービスの提供を行う場合、当該事業者は当該サービスを自ら受領し、かつ提供したものとみなされなければならない。

[*45]　Para. 40.

このように付加価値税指令は、本来の事業者が仲介業者に物品の提供またはサービスの提供を行い（取引①）、その後に仲介業者が顧客にそれらを提供する（取引②）という仕組みを擬制している。取引②と取引①の差額が、当該仲介業者の仲介手数料となる。

(2) 旅行代理業

　仲介業の中でもとくに、旅行代理業者（travel agent）による取引については、特別な規定が置かれている。

　旅行代理業者は、宿泊施設、飲食店、航空会社等からサービスを購入し、それを自己の名で顧客（旅行客）に販売する。その販売価格には、旅行客の旅行にかかる実費のほか、旅行代理業者自身の手数料も含まれている。一連の取引には、旅行代理業者、旅行客、旅行客に物品サービスを提供するその他の事業者（航空会社やホテルなど）の三者が関与し、課税関係は煩雑である。

　そこで、旅行代理業者が自己の名で旅行商品を販売する場合、その取引が旅行代理業者と旅行客との１個のサービス提供取引であるとみなし、以下のようなマージン課税が適用される。

> **付加価値税指令308条**
> 　課税標準は、……旅行代理業者のマージン、すなわち旅行者が支払うべき税抜総額と他の事業者により提供される物品サービスについて旅行代理業者が負担する費用の差額とする。ただし、他の事業者との取引が旅行者の直接の便益となるものでなくてはならない。

　このような規定が置かれる理由は、旅行サービスがEU域内外を問わず行われる場合、移動手段、宿泊施設、飲食店、観光施設など種々の内容が含まれる旅行商品に対して、個々の取引ごとに通常の課税ルールを適用するのは煩雑であり、その業務に支障をきたすからである[46]。

(3) 中古品等販売取引

　中古品、美術品、収集品および骨董品（以下「中古品等」という）は、多くの場合、それらの販売業者が個人から仕入れて個人に販売する。その際に中古品等の販売業者は、個人からの仕入れであるために、仕入税額控除に必要なインボイスを入手することができない。また、販売業者は控除できない仕入税額を販売価格に加算し（いわゆる「隠れた付加価値税」）[*47]、その販売価格に消費税を転嫁して顧客に販売するという弊害も生じる。

　そこで、中古品等取引については、マージン課税が行われる。

付加価値税指令314条
　事業者による中古品・美術品・収集品・骨董品の取引は、これらを［筆者注：事業者でない者から］域内で仕入れる場合には、マージン課税が適用されなければならない。

　美術品とは、EU域内で用いられる合同関税品目分類表（combined nomenclature, CN code）により、絵画、版画、彫刻、写真等をいう（指令別表Ⅸ Part A）。収集品または骨董品もまた、CN codeにより定義されている（指令別表Ⅸ Part B・Part C）[*48]。

4　小　　括

　欧州付加価値税において、課税取引は「物品の提供」および「サービスの提供」であり、前者は有形物のみであって、無形資産の譲渡は

[*46]　「Van Ginkel事件」（欧州司法裁判所1992年11月12日判決、C-163/91）para. 14参照。
[*47]　「隠れた付加価値税」については、本書第3章Ⅱで詳述する。
[*48]　骨董品は製作から100年以上経過したものをいう。

後者に該当する（指令25条ａ）。「サービスの提供」の範囲は広く、事業に関連してある行為を断念すること（例えば、対価受領と引換えに競業状態を解消するために廃業すること）または受忍すること（例えば、対価受領と引換えにライバル事業者の開業を受け入れること）も「サービスの提供」に含まれる（指令25条ｂ）*49。

　事業者による課税取引とされるためには、物品サービスの提供に対する「対価」が不可欠である。欧州司法裁判所は一貫して、行われた取引とそれに対する支払の「直接関係（direct link）」を対価認定の要素としている。ただし、この直接関係を厳格に適用すると、本来課税すべき経済活動が課税できない状況が生じるだけでなく、支払側で仕入税額控除ができない状況にもなるため、ある取引に対する支払を十分条件ととらえている。

　仲介取引や代理業取引では、本来の取引当事者に仲介業者や代理業者が挿入されるだけでなく、仲介業者や代理業者の手数料という要素も加わり、対価関係が複雑となる。そのために付加価値税指令では、これらの取引に対する特別ルールを設けている。

---

*49　日本の裁判例（東京地裁平成9年8月8日判決・行集48巻7・8号539頁）では、賃貸人が賃借人に支払う立退料について、消費税法基本通達5－2－1の「『資産の譲渡』とは、資産につきその同一性を保持しつつ、他人に移転することをいう」に沿って、立退料によって権利等が消滅する場合には「資産の譲渡」には該当しないと判断された。このケースで、賃貸人も賃借人も事業者であり、かつ、賃借人がその事業に関連して賃貸物件からの退去を受け入れた場合、賃借人から賃貸人に対する「サービスの提供」がなされたとすることも可能である。そして賃貸人が適格請求書（インボイス）発行事業者であれば、賃貸人は支払立退料について仕入税額控除ができることになる。

Ⅲ　中小事業者

1　中小事業者への配慮

　独立して経済活動を行っている者であっても、その事業規模がきわめて小さい場合に、課税する側とされる側のコストを考慮した「少額不追及」の政策もあり得る。EU域内では、付加価値税の課税に際して事業規模を考慮するために、一定の措置を講じることができる旨の規定を指令に置いている。この規定は、小規模事業者（small enterprises）だけでなく、中規模事業者（medium enterprises）に対する配慮も含まれる。

　付加価値税指令は、「小規模事業者に対する特別措置」の章（指令第12編第1章）で、次のように定めている。

> **付加価値税指令281条**
> 　通常の付加価値税措置を小規模事業者に適用することが、その活動や構造ゆえに困難な加盟国は、当該加盟国が定める条件と制約の下で、欧州委員会の審査を経ることを条件として、付加価値税の賦課および徴収について、平均率課税（flat-rate scheme）[50]などの簡素化手続を適用することができる。ただし、これにより税収減をもたらしてはならない[51]。

[50]　例えば農業者など、控除対象仕入税額の実額計算が難しい事業者の売上げに対し、仕入税額控除計算をすることなく、一定の税率を設定して課税する仕組みをいう（指令295条以下）。
[51]　このただし書は、特別措置を講ずることで不可避的に税収減の可能性は否定できないものの、通常の課税によって得られる税収との大きな乖離があってはならないという意味である。

> **付加価値税指令282条**
> 　小規模事業者による物品の提供およびサービスの提供に対しては、非課税（exemption）[52]または本指令で定める段階的[53]な特別措置がとられなければならない。
> 　※　この規定は、2025年１月１日より、「本章に定める非課税は、小規模事業者による物品サービスの提供に適用されなければならない」に改められる。

　付加価値税における中小事業者に対する措置をみる前提として、EU域内の「中小企業（SMEs）」の定義と規模別割合を確認する[54]。

■図表２－１　EUにおける中小企業（SMEs）の定義

企業規模	①従業員数	②売上高または資産高
中規模企業	250人未満	5,000万ユーロ以下／4,300万ユーロ以下
小規模企業	50人未満	1,000万ユーロ以下／1,000万ユーロ以下
超小規模企業	10人未満	200万ユーロ以下／200万ユーロ以下

（注）　①および②の要件充足で規模決定。

　EU域内で中小企業の定義を統一的に明確に定める目的は、第一に中小企業に対して適切な支援をするためには明確な区分基準が必要であること、第二に国境管理なきEU域内において、加盟国間で中小企業に対する支援に差異があることによる競争阻害を回避することにある。これによって、EU域内で首尾一貫し、かつ効果的な中小企業に対する政策を実施することができる[55]。

　EU域内の中小企業の現状は、図表２－２のとおりである[56]。

---

*52　事業規模により一定の事業者に課税しないという意味で、人的非課税と位置付けている。
*53　この「段階的（graduated）」の意味は、事業規模に応じて対応するという意味である。
*54　EU域内の中小企業の定義に関する欧州委員会情報として、https://single-market-economy.ec.europa.eu/smes/sme-definition_en（2023.12.23閲覧）。
*55　European Commission, *User Guide to the SME Definition* (2020), 5. 欧州委員会は2008年に「欧州における中小企業の行動指針（A Small Business Act for Europe, COM (2008) 394 final)」を公表し、中小企業重視の政策（いわゆる「Think Small First政策」）が示された。

■図表２－２　企業規模別割合（2019年）

項　目	小規模および超小規模企業	中規模企業	大規模企業
企業数	98.9%	0.9%	0.2%
従業員数	48.4%	16.0%	35.6%
付加価値	35.3%	17.1%	47.6%

　上記データからもわかるように、EUのSMEsと日本の中小企業の定義は異なるが、中小規模の事業体という括りでみると、中小事業者（企業）の数と従業員数の割合は、きわめて類似している[57]。

2　小規模事業者

　中小事業者のうち、小規模事業者への措置について、付加価値税指令は次のように規定している。

付加価値税指令285条
　加盟国は、……年間売上高が5,000ユーロまたは自国通貨で同金額以下の事業者を非課税とすることができる。
　加盟国は、年間売上高が上記金額を超える事業者に対し、段階的な特別措置を講ずることができる。
※　筆者注：この規定は2025年１月１日以降削除。

　この年間売上高5,000ユーロは、付加価値税指令が加盟国に条件付きでより高い金額を認めていることから（指令287条）、小規模事業者が非課税となる最低売上限度額について、加盟各国はこれより高めに

---
*56　Eurostat（EUの統計管理機関）の2019年のデータによる。https://ec.europa.eu/eurostat/web/products-eurostat-news/-/edn-20220627-1（2023.11.11閲覧）。
*57　日本の『中小企業白書（令和５年版）』によれば、中小企業は企業数で全体の99.7％、従業員数で70％、付加価値額で52％を占める。

Ⅲ／中小事業者　　69

設定していることが多い。ただし、加盟国で唯一スペインは、小規模事業者に対する措置を設けていない。

EU加盟27か国のうちスペインを除く26加盟国は、課税事業者登録閾値（registration threshold）を設定している。これをもって課税最低限売上高（日本におけるいわゆる「免税点」）として、この売上規模以下の事業者は非課税事業者となる一方で、所定の手続により通常の課税または簡易な課税を選択することができる（指令290条）。

加盟国の課税最低限売上高は、図表２－３のとおりである。

■図表２－３　加盟国の課税最低限売上高（2022年）[58]

加盟国	課税最低限売上高（米ドル）	加盟国	課税最低限売上高（米ドル）
スペイン	0	エストニア	72,727.27
スウェーデン	3,444.32	チェコ	77,519.38
デンマーク	7,587.25	ハンガリー	77,419.35
フィンランド	18,072.29	ラトビア	78,431.37
ギリシア	18,181.82	スロベニア	87,719.30
ポルトガル	21,929.82	スロバキア	92,203.70
オランダ	25,974.03	アイルランド	94,936.71
ドイツ	29,729.73	リトアニア	97,826.09
ベルギー	33,783.78	イタリア	100,000.00
ルクセンブルク	41,176.47	ポーランド	108,695.65
オーストリア	45,454.55	フランス	117,534.25

図表２－３によれば、課税最低限売上高を設定していないスペインを除き、最も低いのはスウェーデン、最も高いのはフランスである。平均値に最も近いのがオーストリアである。

---

*58　[OECD 2022], p.43. 加盟国の通貨は、ユーロおよび自国通貨が用いられているため、OECDのデータは、米ドル換算による。また、このOECDのデータには、5加盟国（ブルガリア、クロアチア、マルタ、ルーマニア、キプロス）のデータが登載されていない。

例えばドイツでは、前暦年の売上高（税込み）が２万2,000ユーロ以下かつ当暦年の見込売上高が５万ユーロ以下の事業者は、付加価値税（売上税）が課されない（ドイツ売上税法19条１項）。ただし、この条件を充足した場合でも、課税を選択することができる（同法同条２項）。当暦年の「見込売上高」については、実際に５万ユーロを超過した場合、事業者は所轄税務署に対してその旨の申請をしなければならない。前暦年のない新設事業の場合、当暦年の見込売上高で判断されることになる。

　EU域内共通ルールの下での小規模事業者に対する非課税措置は、行政コストの軽減に資する一方で、図表２－３でも示されているように、加盟国がそれぞれに課税最低限売上高を設定しているため、とくに域内取引において加盟国間の競争中立が損なわれる問題が生じている[59]。

　この問題への対応は長年の課題であったが、2025年１月１日より、年間売上高８万5,000ユーロを域内共通の課税最低限売上高（非課税閾値（exemption threshold））[60]とすることとなった。事業を立ち上げた加盟国以外の加盟国で課税売上げを行う場合、当該他の加盟国での年間売上高が10万ユーロ以下である場合、付加価値税の小規模事業者の地位を維持することができる[61]。

3　中規模事業者

　中規模事業者についても、付加価値税指令281条による考慮がなされている。

　EU域内の簡易課税制度の一例として、日本の簡易課税制度との比

---

[59]　この問題は、すでに2010年から指摘されている。European Commission, *Green Paper on the future VAT* (2010), COM2010) 695final, 27.
[60]　日本でいう、いわゆる免税点。
[61]　この新たな措置により、事業者が他の加盟国で負担する付加価値税登録にかかる費用が18％軽減されると試算されている。欧州委員会の試算につき、https://taxation-customs.ec.europa.eu/vat-scheme-small-businesses_en（2023.11.11閲覧）参照。

較において参考となるドイツの平均率（Durchschnittssätze）による課税制度をみていく（この制度は、2022年度末で廃止された）。

　ドイツ売上税法は、連邦財務大臣は一定の規模の事業者について、業種ごとに設定された平均率を用いて納税額計算を簡素化する措置を講じていた（ドイツ売上税法23条１項―2022年末で削除）。その上で、前暦年の売上高が６万1,356ユーロ[*62]以下の事業者は、控除対象仕入税額を当該暦年の売上高に所定の平均率を乗じることで算出することができた。

　この平均率の制度は、まず業種を４分類（製造業・小売業・その他の営業・自由業）し、それをさらに52の職業に細分化し、それぞれの職業に平均率を設定する。そして、課税売上額にこの平均率を乗じて、控除対象仕入税額を算出する（ドイツ売上税法施行令69条１項、別表A―2022年末で削除）。

　中小事業者の仕入税額計算簡素化を目的とするこの平均率課税の大きな問題点は、職業区分の合理性である。すなわち、類似職業の平均率の違いについて、合理的な説明が困難な場合がある。

　例えば、ジャーナリストは4.8％であるのに対して小説家は2.6％であるが、その違いの合理的説明は皆無である[*63]。同様のことは、ジャーナリストが専門学校の教師（2.9％）も務めている場合、その平均率の差ゆえ、両職業に共通の仕入れにかかる税額計算は納税者にとって簡素ではなくなるであろうし、納税者の有利選択による不公平も生じる。

　職業区分については、通訳者が翻訳者と同じ平均率を適用できるかどうかが争われた連邦財政裁判所の判例がある。

---

*62　ドイツマルクからユーロへの切替えにより、このような数字となっている。
*63　[Bunjes, Geist 2023]§23, Rz. 10. ジャーナリストと小説家の相違については、ドイツの旧通達によれば、取材や聞取りによって得た最新情報を新聞・雑誌に投稿するのがジャーナリストである。小説家は取材を要しないということが前提となっているということか。

◆ドイツ連邦財政裁判所2009年7月23日判決[*64]

【事実の概要】
　通訳者である納税者は、その仕入税額控除の計算において平均率によることを選択し、別表中に「通訳」がなかったため、類似の職業として「翻訳者」(別表の「作家」に該当し、2.6％適用)を選択した。しかしながら課税当局が「通訳と翻訳は異なる」として、これを否認した事件である。

【裁判所の判断】
　連邦財政裁判所は、次のような理由により、納税者の訴えを斥けた。
「きわめて学術的、娯楽的または芸術的内容を有する作家としての翻訳者に対しては、別表のⅣ－5により2.6％が適用される。……［筆者注：それに対して］通訳は、そのような仕事ではなく、ある言葉を別の言葉に置き換える仕事である。……売上税法23条に関して特定の職業群に平均率を適用するための判断に際して、これは原則に対する例外規定であり、インボイスによる仕入税額控除がなされるべきかどうかは、個別に検討されなければならない。……例外規定は、原則、厳格に解釈されなければならない。」[*65]

　この判決は、通訳業と翻訳業との間に職業としての優劣を付けているともとられかねない。
　職業区分について、ドイツでは通達が出されていたが、かなり複雑なもので、「舞台、映画、放送局のフリーのスタッフ」には、録音、舞台装置、舞台美術、振付師、指揮者、司会者、フィルム編集、カメラ、衣装、メークアップ、演奏、演技など、多数の活動を列挙し、これらに該当するスタッフを含み、また、「高等教育機関の教員」には、副業として教育に携わる非常勤教員も含むとされた。
　この平均率の制度は、仕入税額控除計算の簡素化というより、納税者の有利選択の素地となり得る。したがって、課税当局としては通達を細かく定め、かつ厳格な解釈によって制度運営をしていたことから、

[*64]　VR 66/07, BStBl Ⅱ 2010, 86.
[*65]　Paras. 13-15.

納税者と課税当局との紛争も多かった。このように、納税者にとっても使いづらく、課税当局にとっても職業区分の合理的説明ができないため、2022年末日をもって廃止された。ドイツの簡易課税制度の廃止は、日本の簡易課税のあり方の参考になるであろう。

4 小　括

　域内共通ルールである付加価値税指令において、小規模事業者の規定は「納税義務者」（指令第3編）や「課税取引」（指令第4編）から離れた「特別措置」（指令第12編）に置かれている。しかしながら、とくに小規模事業者に対する非課税は、納税義務者としての事業者についてその人的非課税を定めるものであり、「事業者」との関連で検討するべきであろう[*66]。欧州付加価値税において、小規模事業者は人的非課税として位置付けられる[*67]。

　小規模事業者に対する非課税措置は、とくに行政コストの関係から、「少額不追及」として一定の合理性がある。課題はその課税最低限売上高（非課税閾値）の設定であり、国ごとに物価や産業構造が異なる中で、その閾値の近接は困難である。そのような事情がありながらも、2025年から課税最低限売上高を8万5,000ユーロに設定したことは注目される。

　中規模事業者に対する平均率課税制度は、日本の簡易課税制度と同様、職業の区別基準の困難さと実態との乖離ゆえに、制度の合理性を見いだすことができない。EUでも日本と同様、納税者の有利選択や納税者と課税当局の対立の温床となっている。

[*66]　[Birk 2023]においても「小規模事業者」を事業者概念の章（第4章）で検討している。
[*67]　この点、日本では一般に「免税事業者」として理解されている。ドイツでは「[本法により] 売上税が課される売上げにつき、その売上高が前暦年に2万2,000ユーロ以下、当暦年に5万ユーロ以下の事業者からはこれを徴収しない」（ドイツ売上税法19条1項）と規定され、いったん課税される税が免除される仕組みとも読める。しかしながらこの制度は、非課税取引を定める規定（ドイツ売上税法4条）同様、「非課税（Steuerbefreiung）」と理解されていることから、指令の「非課税（exemption）」（指令282条、285条）と平仄を合わせ、ドイツでも人的非課税と位置付けていると考えられる。

第3章

仕入税額控除

「実務で生じる消費税問題の大半は、直接または間接に仕入税額控除に関係している。」

ホルガー・スタディ（1989）

> **本章のポイント**
>
> ○欧州付加価値税は、仕入税額控除を請求権として位置付けており、「完全かつ即時の控除」が原則である。欧州司法裁判所による「仕入税額控除は付加価値税制度の必須要素である」という表現は、常套句といえる。
>
> ○仕入税額控除にとって最大の障壁は、非課税制度である。非課税取引による仕入税額控除の遮断に対し、オプション制度、付加価値税グループ制度、コストシェアリング制度などが対応策となっているが、いずれも問題の根本的な解決策とはなっていない。
>
> ○インボイス保存は、仕入税額控除の手続要件として位置付けられる。実体要件は、課税仕入れが実際に行われたことである。インボイスの必須記載事項の中でも、課税事業者番号としての付加価値税番号は最も重要である。納税義務者であるすべての事業者は付加価値税番号をもたなくてはならず、この番号によって取引内容の詳細が明らかとなり、当該取引の課税および仕入税額控除の可否が判断される。

I 請求権としての仕入税額控除

1 完全かつ即時の控除

「仕入税額控除を理解しない者は、消費税を理解することはできな

いというのは、決して誇張ではない。」[*1]といわれるように、仕入税額控除は付加価値税制度の生命線である。また、「実務で生じる消費税問題の大半は、直接または間接に仕入税額控除に関係している。」[*2]ともいわれるのは、仕入税額控除権の有無が事業者と課税当局との対立を惹き起こしやすいからである。さらに脱税スキームの大半は、この仕入税額控除の仕組みを利用している[*3]。

仕入税額控除の意義は、取引が行われるたびに税額累積が生じ、最終消費者に物品サービスが届くまでの取引数が多ければ多いほど負担税額が増える状況（いわゆる「タックス・オン・タックス効果」）を排除することにある。

1967年以降、当時の欧州共同体（EC）で順次付加価値税が導入されるまでは[*4]、このタックス・オン・タックス効果のある課税が行われており、さまざまな排除方法が検討された。その一つが、「売上金額」から「仕入金額」を控除した金額に税率を乗じて納税額を算出する「仕入金額控除方式」であった。しかしながら、国ごとに税率が異なるため、越境取引では国境調整が正確にできないという問題があった。そこで最終的に、売上税額から仕入税額を控除して納税額を算出する「仕入税額控除方式」が採用された。

付加価値税指令は、第10編「仕入税額控除」の表題の下で、第1章「控除権の成立と範囲」に以下の規定を置く。

付加価値税指令167条
控除権（a right of deduction）は、控除対象税が課税適状（chargeable）になった時点で成立する。

[*1] [Widmann 2008] 16.
[*2] [Stadie 1989] Vorwort.
[*3] 消費課税における脱税スキームは、とくにカルーセル・スキームと呼ばれる手法の場合、偽インボイスを利用して仕入税額控除を行うものである。脱税スキームについては、本書第5章Ⅱで詳述する。
[*4] 当時の欧州共同体において、最も早く付加価値税を導入したのはデンマークである（1967年）。続いて1968年にドイツおよびフランスが付加価値税を導入した。

このように付加価値税指令は、仕入税額控除の法的性質が控除を行う者（物品サービスの受領者）の請求権であると明示している。仕入税額控除を請求権と性質付けることで、その成立時期を明確にすることができる[*5]。

　仕入税額控除請求権の成立時期は、当該控除権者の取引相手のもとで、当該取引にかかる付加価値税が課税されるべき時期である。すなわち、控除対象取引が行われるときに課税適状となり、これと同時に控除請求権が発生する。この「即時控除（immediate deduction）」は、仕入税額控除制度の基本原則である。

　この「即時控除」が行われるとき、控除されるべき税額は、全額控除されなければならない（完全控除（full deduction））。

　欧州司法裁判所は、「**Optigen事件**」（欧州司法裁判所2006年1月12日判決）[*6]で、「仕入税額控除の権利は付加価値税システムの根幹であり、原則として制約を受けてはならない。仕入取引で生じた税額は完全かつ即時に（full and immediate）控除されなければならない」[*7]という判断を示した。

　このように、請求権としての仕入税額控除は、「完全かつ即時の控除」を基本原則とする。

2　法廷闘争による仕入税額控除権の獲得

　EU域内の仕入税額控除請求権は、事業者が法廷闘争によって獲得した権利である。

　仕入税額控除が導入される前のドイツ売上税法の下では、タックス・オン・タックス効果を回避する有効な手法として、事業者の垂直的統

[*5]　他方、取引の支払が遅れた場合、買主側（仕入税額控除請求者）にとっては即時の仕入税額控除ができる一方で、売主側にとっては、支払を受ける前に納税義務が生じることになる弊害も指摘される。[Terra 2023]、890.

[*6]　C-354/03. 後述の「Kittel事件」同様、カルーセル・スキームと呼ばれる脱税スキームに関する事件である。

[*7]　Para. 53.

合（いわゆるオルガンシャフト）が利用された。オルガンシャフトを組成する事業者間の取引は不課税となる一方で、オルガンシャフトを組成せずに他の事業者と取引を行う場合には課税対象となり、取引数に応じて税額累積が生じるため、最終消費者への販売価格に差が生じる状況であった。この状況に対して、オルガンシャフトを組成しない事業者により、平等原則（現行ドイツ憲法3条1項）違反および職業自由の原則（現行ドイツ憲法12条1項）違反を理由とする憲法訴訟が相次いで提訴された。

　ドイツ連邦憲法裁判所は、1966年12月20日判決[8]において、違憲の訴えは斥けたが、次のような判断を示した。

「［筆者注：立法者は］規定すべき法律要件の相違が、『正義にもとづく考察に照らして』看過することができないほど著しいものかどうかの判断を正しく行わなければならない。このような原則がとくに租税法律に顕著に妥当するのは、租税法律が納税者の財産と権利という敏感な領域へ踏み込むものだからであり、あらゆる納税者をできるだけ公平に扱うことが、とくに慎重に考慮されなければならないからである。……［筆者注：ただし現実の立法では］個々の納税者や彼らの競争条件に対して、一定の不平等な経済的影響が及ぶことは避けられないし、それを甘受せざるを得ない。あらゆる租税は、自由な経済活動の中に投入され、あらゆる観点からみて完全に競争中立である租税はあり得ないし、考えられない。……しかしながら、［筆者注：オルガンシャフトを組成できる事業者とそれができない事業者との間には］租税正義が達成されていない。この現行売上税法の競争中立の欠如は、立法者によって適切な時期までに改正がなされなければならない。」[9]

この判決を契機として、ドイツでは仕入税額累積効果を排除するための制度設計が本格的に進められ、その結果、現在の仕入税額控除制度が導入された。

---

[8]　BVerfGE 21, 12.
[9]　Paras. 58, 59, 103.

仕入税額控除制度は、現在では欧州付加価値税の制度の根幹として標準装備されているが、納税義務者である事業者の法廷闘争の末に勝ち取った権利である。

3 仕入税額控除の重要性

欧州司法裁判所は多くの判決において、仕入税額控除権の重要性を「付加価値税の必須要素(integral part)」と表現している。例えば、「BP Supergas事件」(欧州司法裁判所1995年7月6日判決)[*10]では、次のように判示された。

「[筆者注：付加価値税指令が定める][*11]控除権は、付加価値税の必須要素であって、原則として制約されてはならない。……控除権は、仕入取引で生じた全税額について、速やかに控除されなければならない。控除権の制限は、税負担の多寡に影響を与えるものであり、そのような制限は、すべての加盟国で同じルールによりなされなければならない。すなわち、そのような適用除外は、付加価値税指令の明文規定がある場合にのみ認められる。」[*12]

この判決で明確に示されているのは、第一に、仕入税額控除権は原則として制約されてはならず、制約をするためには明文規定が必要であること、第二に、事業者が負担した仕入税額は、「完全かつ即時に」控除されなければならないということである。

欧州司法裁判所は、以下の判決においても、事業者の控除請求権を最大限に重視している。

[*10] C-62/93. 当時のギリシア国内法が精製済み石油製品の販売にかかる仕入税額控除を制約していることが、指令の定める仕入税額控除権の規定に抵触するかどうかの解釈を求めて、欧州司法裁判所に提訴された。
[*11] 当時の第6指令17条（現行指令167条）。
[*12] Para. 18.

◆「Kittel事件」(欧州司法裁判所2006年7月6日判決)*13

【事実の概要】
　EU域内では、1993年の域内市場の構築による「物・人・サービス・資本の自由移動」の負の現象として、「カルーセル・スキーム」と呼ばれる脱税スキームが行われるようになった。このスキームは、複数の事業者を介して異なる加盟国間で複数の取引を行うとき、その中心となる悪意のある事業者とこれと通謀した別の事業者が、輸出免税と仕入税額控除を悪用して不当利得を得るものである。
　取引対象の物品は、高価で小さいものが用いられることが多い(携帯電話やコンピューターチップなど)。域内の複数加盟国間で複数の事業者による取引がなされたあと最初の売主に戻り、それが回転木馬(カルーセル)のように繰り返される。
　ベルギーの事業者であるK氏は、C社が仕組んだカルーセル・スキーム取引に自らが関与しているという認識がないまま、一連のパソコン部品取引に関わった。K氏は、自分が関与した取引が犯罪であったことをマスコミ報道によって初めて知ったが、その仕入取引について税額控除権を行使した。しかしながらベルギーの課税当局は、一連の取引が違法取引であることを理由に、K氏の仕入税額控除を否認した。これを不服としてK氏は国内裁判所に提訴したが、国内裁判所は「事業者が、その仕入先事業者の脱税行為を知らなかった善意の者である場合、その売買契約が国内法により公序違反として無効であったとしても、付加価値税の事業活動中立(fiscal neutrality)により、事業者の仕入税額控除権は認められるか」の解釈を求めて、欧州司法裁判所に付託した。

【裁判所の判断】
　「『課税取引』とは、国内取引については、事業者が事業者として対価を得て行う物品またはサービスの提供をいう。この『事業者が事業者として対価を得て行う物品またはサービスの提供』は、その性質において客観的であって、当該取引の目的または結果を問わない*14。……
　事業者が事業者として対価を得て行う物品またはサービスの提供であるかどうかを課税当局が判断するにあたり、脱税が疑われる一連の

---

*13　C-439/04.
*14　Paras. 40-41.

取引に関わっている事業者以外の事業者で、その違法性を知らず、かつ、知るすべもなかった者の意図を忖度することは、上記客観性に反する。……一連の取引における当該取引の前または後の取引が脱税により無効になるかどうかにかかわらず、付加価値税の仕入税額控除権は認められなければならない。仕入税額控除権は、付加価値税制度の必須要素（integral part）であり、原則として制約されてはならない」[*15]。

4　仕入れと売上げの関係

　完全かつ即時に控除されるべき仕入税額に関し、事業者の仕入れと売上げについて、付加価値税指令は次のように規定する。

> **付加価値税指令168条**
> 　物品サービスが事業者の課税取引のために利用されるかぎりにおいて、当該事業者は、当該取引を行った加盟国国内において、自らが納税義務を負う税額から以下の税額を控除する権利が与えられなければならない。
> a．他の事業者により行われたまたは行われるべき物品またはサービスの供給について、当該加盟国で納付すべきまたは納付した税額
> （b．〜e．省略）

　この規定により、納税義務者である事業者の課税売上げにかかる課税仕入れは控除対象になるが、非課税売上げにかかる課税仕入れは控除対象とならない。
　この課税売上げと課税仕入れの関係については、下記の欧州司法裁判所判決によれば、両者間の「直接かつ直結した関係（a direct and immediate link）」がなければならないとされる[*16]。

[*15]　Paras. 43, 45, 47.
[*16]　[van Doesum 2020], 676.

◆ 「SKF社事件」(欧州司法裁判所2009年10月29日判決)*17

【事実の概要】
　スウェーデンの法人であるS社は、製造業関連の企業グループを率いる親会社である。S社は、傘下企業の経営管理や経営戦略についてのサービスを有償提供しており、これらサービスの提供には付加価値税が課されている。S社は、企業グループの再編に着手し、同社が株式の100%を保有する子会社の全株式を、S社が支配している別の会社に売却することにした。この売却に際してS社は、株式評価、交渉、法律助言等のための有償サービスを受けた。このコンサルティングサービスにかかる付加価値税額をS社は仕入税額控除の対象とした。しかしながら、この仕入税額控除がスウェーデンの課税当局によって否認されたため、S社はその取消しを求めて国内裁判所に提訴した。
　国内裁判所は、本件のような事実の下でサービスに課税がなされている場合、非課税である株式売却のためのコストにかかる付加価値税が仕入税額控除の対象となり得るかどうかの解釈を欧州司法裁判所に求めた。

【裁判所の判断】
　「仕入税額控除制度は、事業者がその経済活動において負担するべき付加価値税負担のすべてから免れるためのものである。……当裁判所の先例によれば、特定の仕入れと特定の売上げの直接かつ直結した関係（direct and immediate link）が、事業者の仕入税額控除の前提条件である。しかしながら、事業者のコストがその事業コスト一般の一部を構成している場合に、直接かつ即時の連結がなくても、控除権は認められる。そのようなコストは、事業者の経済活動全体との直接かつ直結した関係が認められるのである。……特定の売上げと特定の仕入れとの間に直接かつ直結した関係がなくても、仕入コストがS社製造販売の製品の価格に加算されているならば、仕入れたサービスにかかる税額は控除されるべきである。」*18

---

*17　C-29/08.
*18　Paras. 57, 58, 71. このような解釈にもとづき、欧州司法裁判所は、スウェーデンの国内裁判所が、当該コストがもっぱら株式売却にかかるものか、それとも同社の経済活動全体にかかるものであったか検討することを求めた。

欧州司法裁判所は、仕入税額控除の目的は事業者に付加価値税を負担させないことであると明言した上で、仕入取引にかかるコストと売上金額との「直接かつ直結した関係」が必要であることを確認している。しかし、厳密な連結を求めるのではなく、仕入コストが事業者の課税対象となる経済活動全体にかかるものであって、その経済活動の成果としての売上価格に含まれている場合には、控除対象となるとする[19]。

　この「直接かつ直結した関係」の緩やかな解釈は、非課税の教育サービスのほかに課税対象となる売上げ（書籍出版や商業的調査やコンサルティングなど）を行う大学機関の仕入税額控除の可否をめぐる欧州司法裁判所判決にも引き継がれている。

◆「Univ. of Cambridge事件」（欧州司法裁判所2019年7月3日判決）[20]

【事実の概要】
　英国のC大学は、非営利教育機関であり、その提供するサービスのほとんどは非課税であるが、商業目的調査、出版物の販売、施設の貸出しなどの課税取引も行っている。
　C大学の諸活動の原資の一部は寄付金に拠っており、その寄付金を投資したり運用したりするために、第三者機関のマネジメントサービスを有料で受けていた。C大学は、このサービスにかかる付加価値税を控除対象となる仕入税額であるとして申告を行った。これに対して英国の課税当局がこの仕入税額控除を否認したため、C大学は、これを不服として国内裁判所に提訴した。
　英国の控訴裁判所は、マネジメントサービス料が非課税取引である投資活動にかかるものである場合、そのコストと投資からの収入によって行われる経済活動との間に連結（link）があり、それゆえ仕入

---

[19] 当該コストが所得税法における必要経費に該当するかどうかは問題としていない。ドイツ売上税法は、所得税法上必要経費控除が認められない交際費を消費税法上も控除できないとしているが（ドイツ売上税法15条1a項）、所得税法で認められないから売上税法でも認めないということではなく明文規定をもって同様の扱いをする旨を明文規定していると考えるべきである。[Tipke, Lang 2021] 944.

[20] C-316/18.

税額控除ができるとする余地があるかどうかについて、欧州司法裁判所の解釈を求めて付託した。

【裁判所の判断】
　まず欧州司法裁判所は、Ｃ大学が寄付や寄贈を受ける活動について、その寄付金等が活動の対価ではないことを理由として、この活動については事業者でないと判断した[*21]。
　次に、寄付金等の投資とその投資にかかるコストは、付加価値税に関して整合的に扱われるべきであるとした。すなわち、Ｃ大学の投資活動は、寄付金から収入を得る手段とはいえ、非課税である投資活動と直接連結していると判断した[*22]。
　ただし、このようなコストが事業者の活動全体にかかる場合について、次のような解釈を示した。
　「経済活動でない活動にかかるサービス利用で生じるコストと、経済活動にかかるサービス利用で生じるコストが、当該事業者の特定の売上価格に組み込まれていたり、当該事業者によって提供される物品サービスの価格に組み込まれていたりする場合に、経済活動に対応しないサービス利用で生じるコストがあることをもって、当該事業者の経済活動に対応するサービス利用で生じるコストにかかる仕入税額控除権を否認するものではない。」[*23]
　しかしながら、本件について控除権を否認する理由を次のように示した。
　「当裁判所に提出された証拠に照らせば、次のことが明らかである。第一に、投資に供された寄付金等のマネジメントサービスにかかるコストは、Ｃ大学の特定の売上価格に組み込まれていない。第二に、(i)Ｃ大学は非営利教育機関であり、かつ(ii)本件コストはＣ大学の売上げ全体の資金に充てる原資を生み出すためのものである。……これらのコストは、Ｃ大学の物品サービス売上金額の一部とはみなされない。」[*24]

　仕入税額控除権の行使に際しては、課税仕入れと課税売上げ「直接

[*21]　Para. 29.
[*22]　Para. 30.
[*23]　Para. 31.
[*24]　Para. 31.

かつ直結した関係」が必要である。しかしながら欧州司法裁判所の解釈は、課税仕入れが課税売上げと非課税売上げの両方にかかる場合、仕入税額が売上価格に含まれていることが明らかであれば、仕入税額控除権が確保されるべきであるというものである*25。

5 仕入税額の按分

仕入税額を課税売上げに対応するものと非課税売上げに対応するものとに按分をするルールの前提として、控除権行使の要件について、付加価値税指令は次のように規定する。

> **付加価値税指令178条**
> 　控除権を行使するために、事業者は以下の要件を充足しなければならない。
> a．168条aによる控除を行うため、物品サービスの提供に関して、本指令第11編第3章第3節から第6節の規定に従ったインボイスを保存（hold）しなければならない。
> （b．～f．省略）*26

このように、控除対象の課税仕入れと控除対象とならない課税仕入れとの区別は、控除権を行使する事業者が保存するインボイスにより確認されることになる。

納税義務者としての事業者が経済活動を行うときに、その経済活動に課税売上げと非課税売上げが含まれている場合には、前述の「SKF社事件」で示された「直接かつ直結した関係」に従って、控除対象仕入税額が適切に按分されなければならない。その際に、事業者の仕入税額控除権が付加価値税の必須要素であることは、常に考慮される。

＊25　基本的にこのような解釈をしているものとして［van Doesum 2020］683.
＊26　指令178条cは域内取引、dは輸入取引、fは取引の受給者（顧客）に納税義務が転換されるリバースチャージ（本書第4章Ⅲで詳述）に関する規定となっている。

控除対象仕入税額を課税売上げ対応分と非課税売上げ対応分とに按分すること、すなわち按分控除（pro rata deduction）の原則的ルールは、次のとおりである。

　まず、ある仕入コストが課税売上げと非課税売上げに明確に配分できるときには、課税売上げにかかる仕入税額のみが控除対象となる。

　次に、ある仕入コストが課税売上げと非課税売上げに明確に配分できず、両売上げに共通したコストであるときには、仕入税額を両売上げに按分するルールが必要となる。

　仕入税額を課税売上げと非課税売上げに対応して按分する場合、仕入税額控除は課税仕入れが行われた時点で発生することから、将来の売上げに正確に対応させることはできない。その意味で、仕入税額の按分は予測にもとづくおおまかなものとならざるを得ない。

　しかしながらこの按分を正確に行うことは、納税者と課税当局双方にとって効率性を損なうことになる。したがって、共通ルールによれば、按分は前年度の売上高ベースで行うことを原則とする（指令175条2項）。前年の売上げがない場合には、事業者は課税当局と協議して見込高で計算をし、当該課税期間終了後に修正を行う（指令175条2項・3項）。

６　仕入税額の事後調整

　仕入税額控除を付加価値税制度の根幹とし、これを事業者の請求権とする仕組みの中で、控除対象仕入税額を正確に計算することが求められる。それゆえ、当初の控除仕入税額が多過ぎたとき、または少な過ぎたとき、事後調整が行われなければならない（指令184条）。

　この調整は、申告書提出のあと、売上げのキャンセルや割引があったときにも行われなければならない（指令185条1項）。

　調整が行われる典型的な例が、資本財（capital goods）の取得時の仕入税額の処理である。それは、取得（仕入れ）から経済成果（売上げ）が出るまでに長期にわたることが多いからである。

まず、この資本財の定義は、欧州司法裁判所の古い判例に従い[27]、「事業目的で使用され、かつ取得費が当期の経費とすることができない永続的性質と価値を有する財」とする。

> **付加価値税指令187条1項**
> 　資本財につき、その取得年または製造年を含む5年間の調整がなされなければならない。
> 　ただし加盟国は、その最初の使用から5年以内の調整を認めることができる。
> 　資本財として取得した不動産は、20年を限度に調整期間を延長することができる。

取得した資本財が将来確実に課税売上げに結び付くかどうかはわからない中で、事業者の控除権をどのように確保していくかどうかについては、日本でも問題になるところである[28]。資本財としての建物が取得時に非課税売上げに供しないことが「明らか」であることを求める日本のルールとは異なり、付加価値税指令によれば、前年の実績でまずは資本財にかかる仕入税額控除を認め、その後5年間（加盟国の裁量により不動産については20年間とすることも可）で実態に即した調整を認めている。

仕入税額控除の事後調整については、事業者の仕入税額控除請求権を尊重して、事後調整を不要とした興味深い欧州司法裁判所判決がある。

---

[27]　「VNO事件」（欧州司法裁判所1977年2月1日判決、C-51/76）。
[28]　日本では「エーディーワークス事件」（最高裁令和5年3月6日判決）などでもこの問題が争われた。日本では「住宅の貸付けの用に供しないことが明らかな建物」（消費税法30条10項）という条件の下でその取得にかかる仕入税額の控除を認める立法措置を講じた。

◆「Ghent Coal Terminal事件」(欧州司法裁判所1998年1月15日判決)*29

【事実の概要】
　ベルギー法人であるG社は、ゲント市港湾地区の土地を投資目的で購入し、この購入に関連して負担した付加価値税額をただちに控除した。しかしながら購入から3年後にゲント市からの要請により、購入した土地は別の土地と交換され、交換後の土地は投資に用いられないこととなった。
　この状況において課税当局は、G社購入の土地は結果的に課税売上げに供されなかったのであるから、控除した仕入税額分を戻すように求めた。これを不服とするG社は、国内裁判所に課税処分の取消しを求めたところ、国内裁判所は、「当初は投資目的であった土地取得が、事業者の責めに帰することができない事情で投資に供することができなくなった場合に、事業者の控除権は維持されるかどうか」の解釈を求めて、欧州司法裁判所に付託した。

【裁判所の判断】
　「事業者自身に責めを負わせることができない事情により、課税取引目的で仕入れた物品サービスがその目的に利用できなくなった場合でも、当該事業者の控除権は維持される。〔第6指令20条（現行指令187条）による〕調整期間内の投資物件については、付加価値税指令の定める要件に従って事後調整をすることができる。」*30

7 小　　括

「仕入税額控除請求権は、付加価値税制度の必須要素である」という表現は、欧州司法裁判所によってしばしば用いられる。

この事業者の権利は、事業者による法廷闘争から獲得されたものであり、その後の付加価値税をめぐる事業者と課税当局の対立は、仕入税額控除をめぐるものが大半であることから、この権利をめぐる多く

---

*29　C-37/95.
*30　Para. 24.

の判例が積み重ねられてきた。

　仕入税額控除権に関する域内共通ルールによれば、ある取引の売上げ側事業者の納税義務と、その取引の仕入れ側事業者の控除権が同時に生じる。そして、仕入れ側事業者の控除権行使は、仕入税額控除が付加価値税制度の根幹であることを踏まえて、全額が速やかに控除されなければならない（「完全かつ即時の控除」）。

　しかしながら、仕入税額控除権の行使は、行使権を有する事業者の経済活動のうち、課税取引に対応するものにのみ認められる。そのため、当該事業者の控除対象仕入税額は、課税取引対応部分と非課税取引対応部分に按分される。ただし、仕入税額控除後の課税期間にその経済活動が課税取引から非課税取引に、あるいは逆に非課税取引から課税取引に変更することもあり得る。その際には、一定期間内（5年以内または20年以内）で控除済仕入税額の調整が行われる。

II　仕入税額控除と非課税取引

1　非課税制度のジレンマ

　仕入税額控除は、本章Iでも述べたとおり、付加価値税制度の必須要素である。一方で、非課税制度も消費課税にとって不可避なものである。その両制度が交錯するとき、「非課税による仕入税額控除の遮断」という大きな問題が生じる。

　付加価値税指令132条は「公益にかかる一定の活動の非課税」を、付加価値税指令135条は「その他の活動の非課税」を、次のように定めている。

付加価値税指令132条1項
　加盟国は、以下の取引を非課税としなければならない。
a．人の輸送、通信サービスおよびそれらにかかる物品提供を除く公的郵送サービス
b．法により運営される機関またはそれに準じる機関により行われる医療サービス
c．医療または救急医療の専門家により提供される医療サービス
d．臓器、血液および母乳の提供
e．歯科医師による治療サービス
f．非課税とされる活動を行う者によって組成される独立したグループによるサービスの提供で、そのグループの目的はメンバーの活動に直接必要なサービスを提供することにあり、当該グループがそのメンバーから共通費用中の費用持分を正確に請求できるもので、これを非課税とすることが競争の歪みを生じさせないもの[*31]
g．福祉および社会保障に密接に関連するサービスおよび物品の提供で、社会の安寧に資するものとして法または加盟国政府が認めた団体によるもの
h．子どもおよび若者の保護に密接に関連するサービスおよび物品の提供で、社会の安寧に資するものとして法または加盟国政府が認めた団体によるもの
i．子どもまたは若者の教育サービス、学校または大学教育、職業教育または再訓練教育で、法または加盟国政府が認めた団体によるもの
j．教師や補習校による授業
k．福祉目的から行われる宗教団体または思想団体によるスタッフ派遣で、上記b、g、hおよびiにかかる活動目的があるもの
l．政治団体、労働組合、愛国団体、思想団体、慈善団体または市民団体といった非営利団体の規定により定められた会費を払うそれらの会員の共通利益として提供されるサービスおよびそれに密接に関連した物品の提供で、この非課税によって競争性が阻害されないもの
m．非営利団体による、スポーツまたは体育教育に密接に関連する一定のサービスの提供
n．一定の文化サービスの提供およびこれに密接に関連する物品の提供で、法または加盟国が認めた文化団体によるもの

[*31]　これは、後述の「コストシェアリング制度」の根拠規定である。

o．上記b、g、h、iおよびlの非課税活動を遂行するために行われる資金獲得活動で、これを非課税とすることが競争の歪みを生じさせないもの
　p．正規の承認を得た団体による傷病者の輸送サービス
　q．公的放送機関により行われる活動で、商業的性質でないもの

付加価値税指令135条
　加盟国は、以下の取引を非課税としなければならない。
a．保険仲介業者による保険および再保険取引
b．クレジット供与および管理
c．クレジット利用者の交渉
d．預金口座および送金等に関する取引
e．現金等に関する取引
f．会社株式等の取引
g．加盟国政府が認める特別な投資ファンドの管理
h．表示価格での切手の販売
i．加盟国が認める宝くじやギャンブル
j．建物およびその土地の販売
k．土地の取引
l．不動産の賃貸

　このように域内の非課税項目は広範に及ぶ。非課税項目は、「公益性のあるサービス提供」、「金融サービスの提供」「不動産売買取引・賃貸取引」に大別できる。
　国内で行われる非課税取引にかかる課税仕入れは控除対象とならない（指令168条）[32]。事業者は、非課税取引となる売上げについて税額転嫁を行わないが、他方、その非課税売上げに対応する仕入れにおいて負担した税額を控除することができない。付加価値税の中立原則、すなわち、事業者にとって付加価値税が事業コストになってはならないという原則にそぐわない効果が生じる。
　事業者は通常、非課税売上げに対応して控除できない仕入税額を自己負担せず、売上価格に上乗せするであろう。そのため、本来は非課

---

[32] 輸出取引または域内供給については、輸出時または域内供給時には課税されないが、その仕入れにかかる税額を控除することができる。

税売上げである価格に、事業者の仕入税額が加算される（いわゆる「隠れた付加価値税(hidden VAT)」。しかしながら、取引相手との力関係、あるいは法定価格が定められていて自由に価格設定ができない状況では、事業者はその仕入税額を自らが負担することになる。隠れた付加価値税の転嫁相手が事業者である場合、その事業者は隠れた付加価値税分を含む価格に税率を乗じることから、税額累積効果が生じてしまう[33]。

このように社会政策目的などで導入された非課税制度は、仕入税額控除の局面で、仕入税額が事業者のコストになったり、隠れた消費税が販売価格に加算されて税額累積効果が生じたりと、消費課税における中立原則にとって致命的な弊害をもたらす。

この障害をできるかぎり排除するため、EU域内ではさまざまな手法が考えられてきた。以下では、その手法（「オプション制度」、「付加価値税グループ制度」および「コストシェアリング制度」）をみていく。

❷　非課税による仕入税額控除遮断の対応

(1)　オプション制度

非課税による仕入税額控除遮断への対応として、「オプション制度(option)」がある。これは、一定の非課税取引を事業者の選択によって課税取引とするものである。付加価値税指令は、その適用範囲について加盟国の裁量を認めつつ、以下の規定を置く。

> **付加価値税指令137条1項**
> 　加盟国は、以下の取引について課税の選択権を納税義務者に認めることができる。

---

[33]　[van Doesum 2020] 636.

> a．135条1項bからgに定める金融取引
> b．建物または建物部分および建物の建つ土地その他12条1項aに定めるもの
> c．建物の建つ土地の譲渡以外の建物の建っていない土地の譲渡で12条1項bに定めるもの
> d．不動産の賃貸

　加盟国の中で、金融取引についてオプション制度を導入しているのは、オーストリア、ベルギー、ブルガリア、エストニア、フランス、ドイツおよびリトアニアの7か国である[34]。

　事業者は、このオプション制度を利用して非課税取引を課税取引にすることで、仕入税額控除権を取り戻すことができる。ただ、この制度には、いくつかの問題がある。

　まず、付加価値税指令がオプション制度の適用範囲を金融取引と不動産取引に限定していることである。これは、金融取引や不動産取引の仕入段階で事業者が負担した税額は、売買価格に転嫁される可能性が高く（「隠れた付加価値税」の発生）、かつ、これらの取引は事業者間取引（BtoB取引）が多いため、税額累積効果が懸念されるからである[35]。

　次の問題は、租税回避に利用される可能性である。欧州司法裁判所判決の中にも、オプション制度を利用した租税回避スキームがみられる。

◆「Univ. of Huddersfield事件」（欧州司法裁判所2006年2月21日判決）[36]

【事実の概要】
　英国のH大学は、その売上げのほとんどが非課税となる教育サービスであるため、課税仕入れにかかる税額控除はきわめて限定的であっ

---

[34] [van Doesum 2020] 540.
[35] 同じ非課税取引であっても教育サービスは、一般には事業者個人間取引（BtoC取引）であるから、税額累積効果がより少ない。
[36] C-223/03.

た。H大学は、その敷地内に所有する小屋（以下「当該物件」）の修繕に際し、オプション制度を利用して修繕にかかる仕入税額を控除するために、次のようなスキームを組んだ。

まず、トラストを設立し、その受託者の任命権をH大学が確保した上で、受託者として大学元職員を据えた。H大学は、オプションを行使した上で、トラストとの間で当該物件の20年間の賃貸契約を締結した（当初の年間賃貸料は12.5ポンドであった）。この契約からまもなくトラストもオプションを行使した上で、当該物件をH大学に再賃貸した。その後、H大学はその全株式を保有しているP社に当該物件の修繕を委託し、H大学はP社に350万ポンドとこれにかかる付加価値税61万2,500ポンドを支払った。同大学は、その付加価値税申告において、この仕入税額を控除対象とした。

以上のようなオプション制度を駆使したスキームにおいて、H大学の仕入税額控除の可否が争われた。

【裁判所の判断】

裁判所は、付加価値税指令の下での付加価値税の課税範囲は広く、付加価値税指令が定める「経済活動」は広範なものであり、その結果や目的にかかわらず客観的に判断されるべきであることを確認した上で、次のように判断をした。

「本件における各取引がそれらを基礎付ける客観的基準を充足しているならば、それらは物品の譲渡およびサービスの提供に該当する。……虚偽の申告書やインボイスによる脱税が行われている場合には、それらの基準は充足されないが、当該取引の目的がもっぱら課税上の利益を得ようというものであるかどうかは、それが経済活動であるかどうかの判断にとって重要であるとは決していえない。……本件の事実の下で、各取引の目的がもっぱら課税上の利益を得るためで、その他の経済的目的がなかったとしても、各取引は物品の譲渡およびサービスの提供にあたり、経済活動といえる。」[*37]

オプション制度は、事業者の任意の選択によるものであることから、仕入税額控除を得る必要があるときの有利選択に利用されがちである。上記H大学のオプション制度利用の目的も、欧州司法裁判所も認

[*37] Paras. 50, 51, 53.

定しているように、もっぱら課税上の利益（すなわち仕入税額控除）を得るためだけのものであった。このようなオプション制度の利用は、場合によっては、濫用行為として否認されることもあり得る。

例えば、租税回避一般否認規定（ドイツ租税通則法42条）を有するドイツでは、次のようなケースで租税回避行為であると判断された（ドイツ連邦通常裁判所2001年11月2日判決）[38]。

このケースで、A（原告）はB（被告）から土地を購入する契約を結び、契約書では320万ドイツマルクの対価に48万マルクの売上税（付加価値税）が加算されていた[39]。しかし実際の支払では、まず120万ドイツマルクについては、Aおよびその兄弟が保証人となっているBのC銀行に対する借入金をAが弁済し、次に残額の200万ドイツマルクと税額については、AがBに対して有する債権と相殺するものとした。この土地売買取引についてBはオプションを行使することになったため、それによりAはこの取引にかかる仕入税額を控除することが予定されていた。しかしながら、Bが本件取引を非課税取引として申告書に売上税額を記載しなかったため、AはBに対して税額を区分表示したインボイス発行を求めて訴訟を提起した。

ドイツ連邦通常裁判所は、課税対象となる取引が実際に行われていないことを理由に、租税回避一般否認規定を適用した。すなわち、この取引からBが得られる金銭は皆無であって、Bから売上税を徴収することは事実上できない。それにもかかわらず、オプション制度を利用したAが仕入税額48万マルクを国に請求することは、否認されるべき濫用行為となるというものである。

(2) 付加価値税グループ制度

仕入税額控除の遮断をもたらす非課税制度への対応として、次に「付加価値税グループ制度（VAT group）」をみていく。これは、複数の事業者がグループを組成し、グループ内の取引を不課税とする仕組み

---

[38] V ZR 224/00.
[39] 当時の税率は15％。

である。

　付加価値税グループ制度について、付加価値税指令は次のように規定する。

> **付加価値税指令11条**
> 　加盟国は、付加価値税委員会[*40]による協議を経たのち、それぞれ法的には独立しているが、財務、事業および組織的関係（financial, economic and organizational links）によって相互が緊密に連携している当該加盟国内のあらゆる者を、単体の事業者とみなすことができる。
> 　上記の選択権を認める加盟国は、本条を利用した脱税および租税回避を防止するために必要な措置をとることができる。

　付加価値税グループが組成された場合、その効果として、インボイスに当該グループ固有の付加価値税番号を記載され、グループとして申告書を提出し、グループのメンバー間取引は不課税となる。

　主たる事業が非課税取引であるために仕入税額控除権が行使できない事業者は、仕入先事業者と売上先事業者とともに付加価値税グループを組成すれば、グループ間取引が不課税になることから、グループを構成する事業者に仕入税額が発生しない。

　これは関連事業者同士の垂直的統合にほかならない。仕入税額控除を組み入れた付加価値税が導入される前には、税額累積効果を回避するための手法として用いられたのがこの垂直的統合であることを考えると[*41]、時代を逆戻りした制度のようにも思われる。実際、この付加価値税グループ制度の弱点として、租税回避スキームに利用されやすいことが指摘される。それゆえ付加価値税指令11条は、付加価値税

---

*40　欧州委員会の下で活動を行う付加価値税に関する助言機関である。その助言は法的拘束力をもたないが、付加価値税共通ルールの域内での適切な運用を促進するための調査やガイドライン策定の任務を担う。

*41　ドイツで仕入税額控除制度が導入される前の垂直的統合（いわゆるオルガンシャフト）の問題につき、西山由美「ドイツ売上税法100年の足跡」税法学586号479-481頁（2021）。

グループ制度を導入する加盟国に対して、「脱税および租税回避を防止するために必要な措置をとることができる」としている。

付加価値税グループ組成の要件について、主として二つの問題が指摘される。

第一に、「財務、事業および組織的関係（financial, economic and organizational links）」の判断基準の不明確さである。そこで域内では、次のような具体的基準が示されている[*42]。

① 財務基準：50％以上の資本関係があり、かつ、一方が他方を実質的に支配している状況であること。
② 事業基準：グループメンバーの事業内容が同種であること。
③ 組織基準：経営管理の全部または一部が共有されていること。

第二に、構成メンバーに課税事業者や個人も含まれるかである。付加価値税指令が「あらゆる者（any persons）」とするだけで、「納税義務者としての事業者」としていないからである。

これについて欧州司法裁判所は「**European Commission v. United Kingdom事件**」（欧州司法裁判所2013年4月25日判決）[*43]において、「付加価値税指令11条の文言は、『課税事業者』ではなく『者』を用いているのであるから、11条1項は課税事業者と課税事業者でない者を区別しているとはいえない。……付加価値税指令11条の文脈について、[筆者注：課税事業者の定義規定である]付加価値税指令9条1項は一般的な定義規定を置いている。[筆者注：課税事業者に準ずるものを定めた]付加価値税指令9条2項、10条、12条および13条は、その概念について詳細に定めている。

[*42] 欧州委員会付加価値税部会のワーキングペーパーによる。The VAT Committee's Working Paper, "Subject: Meaning of "financial, economic and organisational links" among VAT group members"（2017）。これは、同部会の検討資料であり、加盟国に対する法的効力はない。

[*43] C-86/11。英国政府はその国内法において、付加価値税グループに課税事業者でない者の参加も認めていた。しかしながら欧州委員会は、付加価値税グループを導入した旧指令（第6指令）の文言にもとづき、付加価値税グループのメンバーは課税事業者に限るという前提の下、英国政府の国内法が指令に反するとして英国政府を訴えた事件。同様の国内法を置くチェコ、デンマーク、アイルランドおよびフィンランドが、英国側に立って補佐参加した。

……［筆者注：11条を含むこれらの規定を定める付加価値税指令の構造から］一般的な定義を充足しない者が11条に規定する者から必然的に除外されると結論付けることはできない」[*44]との判断を示した。その上で、「［筆者注：欧州委員会が懸念する］制度濫用については、11条2項が脱税や租税回避を防止するために必要な措置をとることを加盟国政府に認めていることを指摘しておかなければならない」[*45]とした。

このように付加価値税指令11条1項は、付加価値税グループについて取引内容や人的範囲を制約せず、その組成を広く認めた上で、制度の濫用防止措置を各加盟国に委ねている。

(3) コストシェアリング制度

「コストシェアリング制度（cost-sharing arrangement）」は、付加価値税指令132条1項fによる。事業活動において、複数の同業者がそれぞれの事業を推進するために資金、技術、人材等を共有することがある。付加価値税におけるコストシェアリング制度は、複数事業者が事業コストを共有することによって仕入税額控除の遮断効果を軽減しようというものである。

例えば、保険会社が顧客に対して行う保険サービスは非課税であることから、当該保険会社は非課税売上げにかかる仕入税額を控除することができない。そこで、通常は競業関係にある保険会社同士が、図表3-1のようなコストシェアリング・グループを組成する。

付加価値税指令によるコストシェアリング制度は、サービスの提供に限られる（物品の譲渡には認められない）。また、コストシェアリング・グループに共有された費用に対応する収益はコストシェアリング・グループに帰属してはならず、かつ、コストシェアリング・グループで共有される費用は、各構成メンバー持分が正確に算定されなければならない。

[*44] Paras. 32, 40.
[*45] Para. 45.

■図表3-1　コストシェアリング制度の仕組み*46

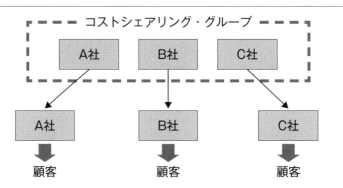

① A社、B社およびC社は、それぞれ独立した保険会社であるが、コストシェアリング・グループ（CS）を組成する。
② A社、B社およびC社のそれぞれの顧客に対する保険サービスの提供は非課税取引であるため、通常はこの非課税取引にかかる仕入税額の控除はできない。
③ CSのA社、B社およびC社に対するサービス提供は、A社、B社およびC社の顧客に対するサービス提供にとって直接必要なものであり、かつ、A社、B社およびC社のそれぞれの顧客に対するサービス提供にかかる費用が正確に算定されることを条件に、CSからA社、B社およびC社に対するサービス提供は非課税とされる。ただし、これらの取引によって生じるいかなる収益もCSに帰属してはならない。
④ 各社で正確に算定された費用（CSで共有された費用）は、各社において費用処理がなされる。
⑤ このコストシェアリング・グループの組成により、保険サービス市場の競争条件に支障をきたしてはならない。

　この仕組みは、ある業界で有力企業がグループを組成することにより、同じ市場でグループを組成できない企業との間に競争の歪みが生じるおそれがある。そのため、コストシェアリング・グループの組成には「競争の歪みを生じさせない」という条件が付く。
　コストシェアリング・グループの組成が否認された欧州司法裁判所判決を通して、この制度の実際の仕組みをみていく。

─────────
*46　European Commission, Value Added Tax Committee Working Paper No.856 (2015), p.4 の図を筆者加工。

◆「Taksatorringen事件」（欧州司法裁判所2003年11月20日判決）[*47]

【事実の概要】
　デンマークのTは、35ほどの中小の自動車保険業者を束ねる団体である。Tの目的は、メンバー事業者に代わって、国内で生じた自動車事故の損害査定を行うことであり、自らコストシェアリング・グループであると認識し、Tの活動で生じる費用は、メンバーの持分に応じて正確に計算されることになっている。
　保険契約者が自動車事故に遭った場合、自分で自由に選んだ修理工場にもち込み、その修理工場は、Tの損害査定センターから派遣される担当者に査定を依頼する。修理工場の修理代が２万デンマーククローネ以下の場合には、保険会社から直接修理工場に支払われる。しかしながら、修理代が２万デンマーククローネを超える場合、修理工場は保険会社にインボイスを発行し、Tとの取引を課税取引として、上記インボイスを付してTに送付する。また、修理代が事故車の市場価格の75％を超える場合には、Tの査定担当者は保険契約者に新車購入を勧める仕組みになっている。
　この取引について、デンマーク課税当局は、Tが保険契約の代理人または仲介者にすぎず、コストシェアリング・グループには該当しないとし、Tはこれを不服として国内裁判所に提訴したのち、欧州司法裁判所に付託された。

【裁判所の判断】
　「［筆者注：コストシェアリングの規定は］例外規定であるから、厳格に解釈されなければならない。」[*48]
　「［筆者注：Tのメンバーに対する］サービスの提供が保険仲介業者または保険代理業者としての関連サービスかどうかについて、当裁判所の法務官意見でも述べられているように、『保険仲介業者または保険代理業者としての関連サービス』とは、保険会社と保険契約者双方に関連する専門サービスでなければならならず、［筆者注：Tの行う業務は］両者間の媒介者であるにすぎない。……Tのメンバーが保険会社であるのに対して、Tにより行われる要修理自動車の査定は保険

[*47] C-8/01. この事件は、旧指令の下でのものであるが、現行指令132条１項 f に該当する規定により、コストシェアリング制度が認められていた。
[*48] Para. 36.
[*49] Paras. 44, 46.

> 仲介業でも保険代理業でもない。」[*49]
> 「［筆者注：コストシェアリングによる］非課税が否認されるのは、その非課税がただちにあるいは将来的に、競争の歪みをもたらすという実際の危険があるときである。」[*50]

3 小　　括

　付加価値税制度の根幹である仕入税額控除請求権が、付加価値税制度に不可避的に求められる非課税と交錯したとき、仕入税額控除の遮断という、消費課税の基本原則である中立原則を毀損する状況が生じる。
　政治的にも社会的にも、いったん導入した非課税項目を除去することが事実上不可能であることから、EU域内では、オプション制度、付加価値税グループ制度およびコストシェアリング制度が各加盟国の裁量で導入可能となっている。
　しかしながら、いずれの手法も仕入税額控除遮断効果の完全な解消とはならず、むしろ租税回避スキームに利用されたり、市場の競争が歪められたりする弊害をもたらしている。

III　仕入税額控除とインボイス

1　仕入税額控除の入場券としてのインボイス

　事業者が仕入税額控除を行使するためには、インボイスを保存（hold）しなければならない。

[*50] Para. 64.

> **付加価値税指令178条**
> 　控除権を行使するために、事業者は以下の要件を充足しなければならない。
> ａ．168条ａによる控除を行うため、物品サービスの提供に関して、本指令第11編第３章第３節から第６節の規定に従ったインボイスを保存しなければならない。
> （ｂ．～ｆ．省略）

　物品サービスの提供が行われるとき、その受領事業者において生じる仕入税額控除権は、その者がインボイスを保存していることを条件に行使することができる。

　このインボイスの起源については、古代ギリシアに遡るほど諸説あるが、欧州社会では古くから商取引で使用されてきた。

　第二次世界大戦後にまずデンマークで（1967年）、続いてフランスおよび当時の西ドイツで（1968年）、仕入税額控除を組み入れた付加価値税が導入された[*51]。当時の欧州共同体域内での付加価値税共通ルール（いわゆる第６指令）[*52]において、その制度の根幹と位置付ける仕入税額控除の控除対象仕入税額の正確な内容を示す証拠書類として、インボイスが採用された。これが、「インボイスは仕入税額控除のための入場券」[*53]とされるゆえんである。

　インボイスの機能は、大きく三つある。第一に、課税対象となる売上取引に関する情報を示す（課税対象取引の売手側事業者の課税売上げ内容の確認）。第二に、控除対象となる課税仕入れの情報を示す（仕入税額控除を行う事業者の課税仕入れ内容の確認）。そして第三に、課税当局はインボイスによって取引の売手側事業者の申告納税内容と買手側事業者の仕入税額控除内容のダブルチェックをすることができる。

---

*51　[Tait 1988] 40-41. 同書は、付加価値税を国際的に調査・分析を行った先駆的研究書である。
*52　本書第１章Ｉ参照。
*53　[Terra 2023] 1095.

2 インボイスの必須記載項目

　付加価値税指令は、その書類の名称、および紙媒体か電子媒体かを問わず、付加価値税指令が定める必須記載事項を記載した書類をインボイスとする（指令218条、219条）。インボイスの必須記載事項について、次のように定められている。

> 付加価値税指令226条
> 　本指令に別段の定めがないかぎり、……インボイスには以下の項目を記載しなければならない。
> 1．発行日
> 2．インボイスを固有に識別できる通し番号
> 3．事業者が物品サービスの提供を行う際に、本指令214条[54]によって付番された付加価値税番号（VAT identification number）
> 4．顧客が物品サービスを受領する際に、または本指令138条[55]に定める物品を受領する際に、本指令214条によって付番された付加価値税番号
> 5．納税義務者および顧客の氏名および住所
> 6．供給される物品の数量および名称、ならびに供給されるサービスの範囲と性質
> 7．物品サービスの供給が行われた日、または本指令220条1項4号・5号に定める勘定の支払がなされた日がインボイス発行日と異なる場合における当該支払日
> 7a．本指令66条bにより事前の支払を受ける時点で付加価値税が課税適状となり、その時点で控除権が発生する場合には「現金勘定」の記載
> 8．税率または非課税ごとの課税標準、税抜単価、および値引きまたは払戻しの金額が単価に含まれていない場合には当該金額
> 9．適用税率
> 10．納付税額

[54] 付加価値税指令214条は、加盟国に課税事業者番号制度の導入を義務付ける規定である。
[55] 付加価値税指令138条は、域内での物品の供給（intra-Community transaction）の非課税に関する規定である。

> 10a. 供給者でなく受領者がインボイスを発行する場合には、「仕入明細書（Self-billing）」の記載
> 11. 非課税の場合、本指令における適用条文、これに対応する国内法の適用条文、または物品サービスの提供が非課税であることを示すその他の証拠文書
> 11a. 顧客が納付義務を負う場合、「リバースチャージ」の記載
> 12. 本指令138条1項・2項aによる新規の輸送手段の提供（supply of a new means of transport）*56の場合、本指令2条2項bの分類の該当項目
> 13. 旅行代理業に関するマージン・スキーム*57を適用する場合には、「旅行代理にかかるマージン・スキーム」の記載
> 14. 中古品、芸術品、収集品および骨董品に適用される特別措置の一つを適用する場合、「中古品、芸術品、収集品および骨董品にかかるマージン・スキーム」の記載
> 15. 付加価値税の納付義務者が本指令204条に定める納税代理人（tax representative）である場合、本指令214条により求められる当該納税代理人の付加価値税番号に加え、氏名および住所

　以上の記載項目がすべて漏れなく記載された書類は、その送付が紙媒体であっても、電子媒体であっても、その受領者はこれをインボイスとして仕入税額控除請求権を行使することができる。

　ここで問題となるのが、課税仕入れ自体は実際に行われているけれども、インボイスの記載事項に不備がある場合に、所定のインボイスの保存がないものとして仕入税額控除権が否認されるのかどうかということである。この問題が争われた欧州司法裁判所判決（後述の「Senatex事件」）を検討するにあたり、この事件の背景となる、事件当時のドイツの課税実務からみていくことにする。

　同国では1968年に仕入税額控除を組み入れた売上税（付加価値税）を導入するための売上税法施行に際して、連邦財務省から財務大臣名で次のような文書が発出された*58。

---

*56　新車、新規製造された船舶や航空機などは、一定の要件により仕向地で付加価値税が課税される。
*57　本書第2章Ⅱ参照。

「売主が発行するインボイスは、買主にとっては単なる支払請求書ではなく、一種の有価証券である。買主は、たとえまだ支払をしていなかったとしても、インボイス記載の税額をただちに国に請求することができる。率直にいえば、このインボイスを用いる脱税の試みも増すであろう。したがって、仕入税額控除の実効性あるコントロールを可能せしめるために、この『有価証券』記載の内容については税務調査を徹底的に行う。インボイスに記載すべき詳細は、売上税法14条1項を参照されたし。所定の記載が正しくなされていれば、請求書、送り状およびその他これに準ずる書証はインボイスとみなす。」

ドイツではこのような課税当局の見解が長年にわたり維持されてきたことから、インボイスの必須記載項目の一部に欠落があれば、仕入税額控除が否認されることが多かった。そのような状況で起こった下記の事件は、インボイスの必須記載事項の一部に誤記があった場合の仕入税額控除の可否をめぐるものである。

◆「Senatex事件」（欧州司法裁判所2016年9月15日判決）＊59

【事実の概要】
　ドイツの生地卸売事業者Ｓ社が行った2008年から2011年までの売上税（付加価値税）申告について、2013年の税務調査でインボイスの一部に不備があるとの指摘を受け、その仕入税額控除が否認された。指摘された不備は、Ｓ社がサービスの提供を受けた事業者（広告代理店およびデザイナー）の付加価値税番号が記載されていないというものである。Ｓ社は、この税務調査での指摘を受けてただちに不備の訂正をしたが、所轄税務署は「2008年から2011年時点で必須記載事項が記載されたインボイスがなかった」として、当初の処分を維持した。Ｓ社はこれを不服として国内裁判所に提訴したが、国内裁判所は、「インボイスの必須記載事項の不備が訂正された場合、訂正されたインボイスの効果は当初のインボイスの作成時点に遡及するか」について、その解釈を求めて欧州司法裁判所に付託した。

＊58　Ferdinand Huschens, Rechnungsberichtigung mit Rückwirkung ohne Rechnung?, [UmsatzsteuerForum 2018] 773-774.
＊59　C-518/14.

【裁判所の判断】

「当裁判所の先例[60]に従って留意すべきことは、事業者が物品またはサービスの仕入れにおいて負担した税額を控除する権利は、共同体法によって定められた付加価値税共通システムの基本原則である[61]。……付加価値税指令167条により、控除権は控除対象税額が課税適状になったときに成立する。その控除権成立のために充足すべき実体要件（the substantive conditions）は、168条 a に規定されている。したがって控除権を行使するためには、第一に、控除権者は事業者でなくてはならず、第二に、控除権にかかる物品サービスは納税義務者の課税売上げのために用いられ、かつ、その物品サービスは、他の事業者から購入したものでなくてはならない[62]。控除権の形式要件（the formal conditions）は、付加価値税指令178条により、付加価値税指令226条所定のインボイスの保存を必要とする。付加価値税指令226条3項は、インボイスにはとくに付加価値税番号の記載を求めている[63]。……ここで留意すべきことは、必須記載事項を欠くインボイスの訂正については、付加価値税指令が規定を設けていることである。付加価値税指令219条は、『当初インボイスにおいて明確かつ明瞭に訂正され記載された書類または記録は、インボイスとみなされなくてはならない』としている[64]。……以上のことを考慮すれば、付加価値税指令167条、176条 a、179条[65]および226条は、次のように解釈されなければならない。すなわち、インボイス記載事項の訂正に遡及効を認めず、その結果として訂正されたインボイスにもとづく控除権が当初インボイス発行の年に遡及することなく、訂正された年に認めるとする［ドイツの］国内法は容認できない。」

　この判決で重要なのは、仕入税額控除の「実体要件」は課税仕入れが行われたという事実であり、インボイスの保存が「形式要件」であるとしている点である。そして、インボイスの保存を仕入税額控除の実体要件とするドイツの課税実務は付加価値税指令違反であるとし

---

[60] 「Maks Pen 事件」(欧州司法裁判所2014年2月13日判決、C-18/13)。
[61] Para. 26.
[62] Para. 28.
[63] Para. 29.
[64] Para. 32.
[65] 指令179条は、「事業者は、課税期間に納付すべき付加価値税額から、指令178条により同期間に成立して行使される控除権にかかる付加価値税額を減算する方法で控除しなければならない」と規定する。

Ⅲ／仕入税額控除とインボイス　107

た。その根拠は、欧州司法裁判所が繰り返し諸判決で示しているように、仕入税額控除制度は付加価値税制度の基本原則（a fundamental principle）であり、必須要素（an integral part）であるという、仕入税額控除権の尊重である。

3 簡易インボイス

付加価値税指令は、インボイス発行に対する事業者の負担軽減のため、一定の条件の下に必須記載事項を簡素化した簡易インボイス（simplified invoice）の発行を認めている。

付加価値税指令220a条1項
　加盟国は、以下の場合において、事業者に簡易インボイスの発行を認めなくてはならない。
a．インボイスの記載金額が100ユーロ（または自国通貨換算で同額）を超えない場合
b．発行されたインボイスが、本指令219条[66]によってインボイスとされる書類である場合

付加価値税指令226b条
　簡易インボイスの必須記載事項は以下のものとする。
a．発行日
b．物品サービスの提供を行う事業者の付加価値税番号
c．提供された物品サービスの種類
d．納税されるべき付加価値税額
e．［筆者注：指令219条による訂正インボイスの場合］当初インボイスの明確かつ明瞭な表記、および明確な修正内容

簡易インボイスについては、これの導入の有無および条件が加盟国によって異なることから、事業者にとってはその確認のために、事務

---

[66] 指令219条は、「修正がなされ、かつ、当初インボイスに明確かつ明瞭に言及している書類またはメモは、インボイスとみなされなければならない」と定めている。

負担がかえって重くなるとも指摘される[*67]。

　この簡易インボイスは、EU域外の事業者によって行われる物品サービスの提供等には発行が認められない(指令220a条2項)。それは、仕入税額控除対象となる取引情報の正確な把握が難しいからである。

4　付加価値税番号の意義と機能

　付加価値税指令は、事業者の義務を規定する第11編第2章において、納税義務のあるすべての事業者は、課税事業者であることを識別するための手続をとらなくてはならないとする[*68]。

付加価値税指令213条1項
　すべての事業者は、その活動を事業者として開始するとき、変更するとき、または終了するときには申請をしなければならない。
　加盟国は、それぞれ設定する要件に従って、電子的手段による申告を認め、かつそれを要求することができる。

付加価値税指令214条1項a
　加盟国は、それぞれの加盟国内で物品サービスの提供を行う事業者に対する番号付与による課税事業者であることの識別に必要な措置を講じなければならない。

付加価値税指令215条
　各付加価値税番号は、ISO code 3166—alpha 2—に従って、その発行国が識別できるように付番されなければならない。

※　筆者注：各加盟国の付加価値税番号には各国名を示すアルファベット2文字が付され、以下のとおりである。
　　ベルギー(BE)、ブルガリア(BG)、チェコ(CZ)、デンマーク(DK)、ドイツ(DE)、エストニア(EE)、アイルランド(IE)、ギリシア(EL)、スペイン(ES)、フランス(FR)、クロアチア(HR)、イタリア(IT)、

[*67]　[Terra 2023] 2150.
[*68]　インボイスと付加価値税番号を手続の視点から解説するものとして[van Doesum 2020] 1014.

> キプロス (CY)、ラトビア (LV)、リトアニア (LT)、ルクセンブルク (LU)、ハンガリー (HU)、マルタ (MT)、オランダ (NL)、オーストリア (AT)、ポーランド (PL)、ポルトガル (PT)、ルーマニア (RO)、スロベニア (SI)、スロバキア (SK)、フィンランド (FI)、スウェーデン (SE)。

　この「付加価値税番号（VAT identification number）」は、納税義務のある事業者であることを表象する番号であるから、「課税事業者番号」と言い換えることができる。スペイン以外の加盟国は、課税事業者登録の課税最低限売上高[*69]を設定し、その課税最低限売上高を超える事業者に課税事業者登録を行わせ、登録手続は付加価値税番号の付与によって完了する。

　インボイスの必須記載事項である付加価値税番号の重要性について、欧州司法裁判所も「**RGEX事件**」（欧州司法裁判所2017年11月15日判決）[*70]の判決中、とくにインボイス発行者である事業者の付加価値税番号の重要性について、「物品またはサービスの提供者の付加価値税番号は、その身元を確認するための中核的要素である。この番号は、課税当局による調査や確認を容易にする。……また、課税事業者登録申請書の提出が求められる登録手続は、この番号を入手することで完了するのである」[*71]と述べている。

　国内取引における付加価値税番号の機能は、主として２点ある。

　まず事業者にとって、インボイスの受領事業者は、発行者および受領者双方が付加価値税番号をもつ事業者であると確認されることにより、仕入税額控除を行うことができる。

　次に課税当局にとって、インボイス発行者の付加価値税番号を手がかりに、記載されている課税取引の詳細を調査し、必要な処分を行うことができる。

---

* 69 　本書第２章Ⅲ参照。
* 70 　C-374/16.
* 71 　Paras. 43-44.

加盟国間取引（域内取引）においては、国内取引における以上に付加価値税番号は重要である。とくに、ワンストップショップ制度(OSS)において、また付加価値税情報交換制度（VIES）において、付加価値税番号は重要な機能を果たす。

　まず、OSSについてみていく。例えば、フランスの事業者がドイツ、オランダ、ルクセンブルクなど複数の加盟国の顧客と取引をする。域内の自由移動の原則により、その取引は国境管理を経ることなく行われるが、付加価値税に関しては加盟国ごとの国内法に従うことになるため、フランスの事業者は自国での課税事業者登録だけではなく、ドイツ、オランダ、ルクセンブルクで課税事業者登録をしなければならない。

　そこで2015年より、電子通信サービス取引（デジタルサービス取引も含む）に限定し、域内取引を行う事業者は取引相手国すべての加盟国ではなく、課税事業者登録をしている一つの加盟国（通常は自国）での申告納税を行うことで済ませることができるようになった。つまり上記例では、フランスの事業者の電子通信サービスの域内取引については、課税事業者登録をしているフランスで申告納税するだけで済む。限定的範囲での１国での申告納税制度ということで、「ミニ・ワンストップショップ制度（MOSS）」と呼ばれている。

　この制度は2021年以降、さらに範囲が広がることとなった。域内事業者だけでなく、域外事業者にも拡大されたほか、域内事業者については電子通信サービスだけでなく、サービスのBtoC取引[72]（域内の顧客に限る）一般、物品の域内遠距離販売（intra-Community distance sales）にも拡大され、OSSとなった[73]。

　このようにOSSへの拡大により、事業者が１加盟国で課税事業者登録をして付加価値税番号をもつことは、域内取引での申告納税や仕

---

[72]　域内のBtoBサービス取引には、リバースチャージが適用されるため、顧客事業者に申告納税義務が転換され、当該顧客事業者が自国で申告納税を行う。
[73]　2021年以降の新たなワンストップショップ制度について、European Commission, Guide to the VAT One Stop Shop（2021）参照。

入税額控除請求手続が簡易となる。

　次にVIESについてみていく。付加価値税番号によって事業者ごとに名寄せされた取引データは、国内の課税当局だけでなく、加盟国政府間で共有することにより、EU域内の取引情報を把握することが可能となる。これがVIESである[74]。

　VIESは、課税当局の視点からは、物・人・サービス・資本の自由移動が保障されたEU域内で必然的に生じ得る脱税取引の監視に有用である。付加価値税番号によって紐付けされた事業者の取引詳細情報は、課税当局による域内取引情報収集に用いられるほか、番号をもつ事業者は、国内およびEU域内の取引先事業者の実在確認をするために利用することができる。

　VIESの運用方法や情報の精度は加盟国によって差があるが、域内でもVIES情報の信頼度の高いドイツでは、取引相手方の実在確認申請を書面、電話、オンラインなどで行うことができる。オンラインによる申請の場合、自分や相手方の付加価値番号等の必要事項を入力することにより、連邦国税局から「確認」または「確認できず」の回答を得ることができる[75]。

　ただしVIESの課題は、加盟国によって提供される情報の精度が異なることのほか、事業者が確認した情報に誤りがあったり、技術的なトラブルが生じたりしても、「欧州委員会は一切の責任を負わない」としている点である[76]。

---

[74] VIES導入の法的根拠は、Regulation（EC）No.1798/2003である。これは、2010年に改訂されている。Regulation（EU）No.904/2010 参照。

[75] ドイツでは課税事業者番号として、連邦国税庁によって付番される付加価値税番号（Umsatzsteuer ID-Nummer）と、所轄税務署により付番される納税者番号（Steuernummer）」のいずれかを使用する。付加価値税グループ（ドイツでは「オルガンシャフト」と呼ばれる）を組成する場合には、構成メンバーはそれぞれが番号をもたなければならない。

[76] https://taxation-customs.ec.europa.eu/vies-vat-information-exchange-system_en（2023.2.3閲覧）。

第4章

越境取引

「その国の消費者が最終消費をする商品について国内および海外での全付加価値に課税する。輸出は免税、輸入は課税される。これは消費型付加価値税に適合している。」

カール・S．シャウプ（1988年）

本章のポイント

○「物・人・サービス・資本の自由移動」というEUの大原則の下で、域内の統一付加価値税がないことから、越境取引は二重課税や脱税などのさまざまな問題の温床になっている。

○付加価値税指令における越境取引には、課税対象となる「域内取得」と「輸入」、非課税であるが仕入税額控除ができる「域内供給」と「輸出」がある。

○課税ルールの適用にあたって、まず、「物品」と「サービス」の区分が重要である。「サービス」の範囲は広く、無形資産の譲渡もサービスの提供に該当する。

○越境取引においては、仕向地主義が消費課税にふさわしい。しかしながら、仕向地以外の加盟国の事業者や域外事業者にとって、仕向地での申告納税についてコンプライアンスコストの問題が生じている。

I 越境取引の基本ルール

1 越境取引の現状

EU域内では、「物・人・サービス・資本の自由移動」が保障されている（EU機能条約26条2項）。しかしながら、域内統一の付加価値税ルールはなく、付加価値税を含むあらゆる租税に対する課税権は各加盟国にある。したがって各加盟国は、付加価値税の共通ルールで

ある付加価値税指令に沿って、加盟国間の課税ルールを近接させていかなければならない。

　域内で自由な取引が行われながら、加盟国間で課税や徴収のルールが違うことにより、越境取引は脱税の温床になりやすい[*1]。また、越境取引から生じる問題を解決するための追加的ルールが、付加価値税指令の内容をいっそう複雑にする。この複雑なルールは、脱税スキームの余地をさらに拡大する。

　域内の越境取引の基本原則は、「仕向地原則」である[*2]。原産地主義は、国内で発生する全価値を国内で課税するという意味で、所得型付加価値税に適合する。しかしながら、「その国の消費者が最終消費をする商品について国内および海外での全付加価値に課税する。輸出は免税、輸入は課税される。これは消費型付加価値税に適合している」[*3]。

　越境取引に関して、まず、「物品の提供」と「サービスの提供」の区分が重要である。物理的移動である前者については課税地の特定が容易であるのに対して、後者については「提供地」の特定が難しいからである。

　「物品の提供」には仕向地原則が適合するとしても、事業者はしばしば大きな負担を強いられる。仕向地以外の提供事業者は、課税ルールに不慣れな仕向地で申告納税を行わなければならないからである。仕向地の使用言語への対応、複数の仕向地に提供する場合の各国での手続への対応、仕向地の通貨での納税など、事業者には経済的・精神的負担がかかる。すなわち、仕向地原則はときとして、事業者のコンプライアンスコストを増大させる。

2　物品取引

　まず、「物品」の取引をみていく。

[*1]　域内で深刻な問題となっている脱税スキームについては、本書第5章Ⅱで詳述する。
[*2]　本書第1章Ⅱ参照。
[*3]　［シャウプ　1988］15.

ある加盟国に向けて域内の他の加盟国から物品が提供されるとき（「域内取得（intra-Community acquisition）」）、および域内の加盟国に向けて域外の国から物品が提供されるとき（「輸入（importation）」）、域内の取得国または輸入国で課税対象となり、かつ、仕入税額控除が認められる。
　他方、ある加盟国から域内の他の加盟国に向けて物品が提供されるとき（「域内供給（intra-Community supply）」*4）、およびある加盟国から域外の国に向けて物品が提供されるとき（「輸出（exportation）」）、域内の供給国または輸出国では非課税取引となる。これらの取引は非課税であるが、域内供給または輸出を行う事業者には仕入税額控除が認められる（指令168条ａ、169条ｂ）。すなわち、域内供給および輸出は、仕入税額控除権付きの非課税取引である。
　物品の越境取引に関する上記ルールについて、付加価値税指令の諸規定で確認する。

【課税対象—域内取得と輸入】

付加価値税指令２条１項ｂ
　加盟国国内で対価を得て行う物品の域内取得（intra-Community acquisition）

付加価値税指令２条１項ｄ
　物品の輸入（importation）

【非課税対象—域内供給と輸出】

付加価値税指令138条１項
　加盟国は、売主によりまたは売主のために、域内の自国領域外の仕向地に発送または輸送した物品につき、非課税としなければならない。

＊4　付加価値税指令ではこの用語を用いていないが、一般に"intra-Community supply"と呼ばれるため、本書でも「域内供給」とする。

付加価値税指令146条１項ａ
　加盟国は、売主によりまたは売主のために、域外の仕向地（destination）に発送または輸送された物品の譲渡を非課税としなければならない。

【越境取引に関する仕入税額控除】

付加価値税指令168条
　物品サービスが事業者の課税取引のために利用されるかぎりにおいて、当該事業者は、当該取引を行った加盟国国内において、自らが納税義務を負う税額から以下の税額を控除する権利が与えられなければならない。
ａ．他の事業者により行われたまたは行われるべき物品またはサービスの供給について、当該加盟国で納付すべきまたは納付した税額
（ｂ．〜ｅ．省略）

付加価値税指令169条
　付加価値税指令168条に規定する控除のほか、物品サービスが以下の目的に供せられる場合、課税事業者には控除権が与えられなくてはならない。
（ａ．・ｃ．省略）
ｂ．本指令136a、138条、142条、144条、146条から149条、151条、152条、153条、156条、157条１項ｂ、158条から161条、または164条
※　下線は筆者による。

　非課税取引である域内供給と輸出について、域内供給事業者および輸出事業者には、域内供給または輸出を行うまでの段階で負担した仕入税額に対する控除権（還付権）が認められる。このように域内供給および輸出は、仕入税額控除権付き非課税取引である。

3　サービス取引

(1)　BtoB取引とBtoC取引

　物品（有形資産）以外の取引は、広くサービス取引に該当する[5]。サー

Ⅰ／越境取引の基本ルール　117

ビス取引は国境管理(税関による管理)がないため、その課税および仕入税額控除のルールは、もっぱら「いずれの国でサービスが提供されたか」に拠る。付加価値税指令は第5編第3章(43条〜59条)に、「サービスの提供地」(place of supply of services)の規定を置く。

サービス取引の課税および仕入税額控除については、「BtoB取引」と「BtoC取引」との区分が重要になる。

> **付加価値税指令43条1項**
> 　活動や取引は行っているが、本指令2条1項が規定する物品およびサービスの課税取引を行っていない事業者は、その者に対するすべてのサービスについて納税義務者とみなす。
>
> **付加価値税指令44条**
> 　事業者に対するサービスの提供地は、当該事業者の事業遂行地(the place where that person has established his business)[*6]とする。ただし、当該サービスが、当該事業遂行地以外の当該事業者の固定的施設(fixed establishment)[*7]宛てに提供される場合には、サービスの提供地は当該固定的施設の所在地とする。そのような事業遂行地または固定的施設がない場合には、サービスの提供地はサービスを受領する事業者の住所地または居所地とする。
>
> **付加価値税指令45条**
> 　事業者でない者(non-taxable person)に対するサービスの提供地は、提供者の事業遂行地とする。ただし、当該サービスが、当該事業遂行地以外の当該提供者の固定的施設から提供される場合には、サービスの提供地は当該提供者の固定的施設の所在地とする。

[*5] 日本の消費税は、無形資産の譲渡は「資産の譲渡」であり、「役務の提供」ではない点が、EU域内付加価値税と大きく異なるところである。

[*6] この "the place where that person has established his business" は、指令規則によれば、事業設立地ではなく、事業の中核的管理が機能している場所をいう(指令規則10条1項)。

[*7] 共通ルール固有の概念である「固定的施設(fixed establishment)」とは、事業遂行場所以外の施設で、十分な恒久性、および当該事業者自身の必要のために提供されるサービスの受領と使用に適した人的・技術的資源に相応する構造を有する施設をいう(指令規則11条1項)。

このように、サービスのBtoB取引では、受領事業者がその事業遂行地で納税義務者として申告納税を行う（「リバースチャージ方式」）。ただし、その事業遂行地以外の国に所在する当該受領事業者の固定的施設（fixed establishment）[8]宛てにサービスが提供される場合、当該固定的施設の所在国が課税地となる。

　他方、サービスのBtoC取引では、提供事業者がその事業遂行国で納税義務者として申告納税を行う。ただし、その事業遂行地以外の国に所在する当該提供事業者の固定的施設からサービスが提供される場合、当該固定的施設の所在国が課税地となる。

　BtoB取引では、受給事業者による再販売が想定されるのに対して、BtoC取引では受給者が最終消費者である。最終消費者が担税者となる消費課税の原則により、BtoC取引の提供地は、BtoB取引のそれより厳格に特定されなければならない。すなわち、BtoC取引の提供地の特定には合理的な正確性（reasonable accuracy）が求められる[9]。

　しかしながら、受給者である最終消費者に提供地を特定する責任を負わせることは事実上困難であるから、提供者である事業者の事業遂行地が提供地とされてきた。これにより、提供者である事業者としては、付加価値税率がより低い国を事業遂行地に選ぶことになろう。

　このような選択をさせないために受給者である最終消費者の所在地を提供地にすると、提供者である事業者が複数国の最終消費者にサービスを提供する場所、あるいは最終消費者が複数国で消費する場合には、提供地を正確に特定することは不可能である。ここに、とくにBtoC取引について、サービスの提供地を消費地とすることの難しさがある。

　サービス取引について納税義務を負う事業者には、仕入税額控除権が付与される（指令168条1項a）。

(2) 電信・放送・デジタルサービス

　サービスのBtoC越境取引の提供地は、提供事業者の事業遂行地と

---

[8] 「固定的施設」については、本章Ⅲで詳述する。
[9] [Spies 2019] 161.

するのが原則である。しかしながら、2015年1月1日以降、EU域内での電信・放送・デジタルサービス（以下「TBEサービス」という）のBtoC越境取引について、原則と異なるルールが導入されている。すなわち、事業者が域内の複数国の消費者向けにTBEサービスの提供をした場合、そのうちの一つの国で課税事業者登録をして一括して申告納税をする簡素な制度（mini one-stop-shop、いわゆる「MOSS」）である[*10]。

　このMOSSは2021年6月1日より、デジタルサービスのBtoC取引における事業者の納税事務の負担軽減のため、次のように変更されている（new one-stop-shop、いわゆる「OSS」）[*11]。

① マーケットプレイスやプラットフォーム事業者を含むオンラインビジネスを行う事業者は、その物品サービスの越境取引すべてについて、任意の加盟国1か国で課税事業者登録した上で、納税申告を行うことができる。
② 課税最低限売上高を1万ユーロとする。ただし、域内でのTBEサービスについては、1万ユーロを下回る場合でも、事業者が事業遂行を行う加盟国で課税対象とすることができる。
③ 物品を販売するためのマーケットプレイスやプラットフォームを展開する事業者は、一定の条件の下で、自身が当該物品を受領して提供したものとみなされる（「みなし提供者」）。
④ 価額が22ユーロまでの少額委託輸入品販売の非課税を撤廃し、域内に輸入されるすべての物品が課税対象となる。
⑤ 価額が150ユーロ以下の域外からの少額輸入品について、申告納税を簡素化する。

[*10] 納税された金額は、消費地国の消費金額に応じて各国に配分される。2019年1月以降の制度の詳細については、European Commission, Guide to the mini one stop shop, https://documentcloud.adobe.com/link/review?uri=urn:aaid:scds:US:4ee3e8d4-6d9e-42c0-8767-d558840ddd59（2020.9.23閲覧）参照。
[*11] 欧州委員会による改正の解説につき、https://vat-one-stop-shop.ec.europa.eu/index_en（2024.3.3閲覧）参照。

Ⅱ　越境取引における仕向地原則

1　仕向地原則と原産地原則

　越境取引でまず問題になるのが、二重課税や二重不課税である。OECDの付加価値税ガイドライン[*12]は、とくに二重課税や二重不課税が生じやすい無形資産を含むサービスの越境取引の課税地の判断において、各国が「付加価値税の中立原則（the principle of neutrality）および仕向地原則（the principle of destination）の貫徹に努めなくてはならない」と強調している[*13]。

　この仕向地原則に対して、原産地原則（the principle of origin）[*14]があり得るが、越境取引において原産地原則が回避されるのは、受領側市場で国産品と輸入品で付加価値税額に差が生じることのほか、輸入品にかかる仕入税額控除を輸出国で行わなくてはならないため、輸入事業者は原産地国での還付手続のために追加費用を負担しなくてはならなくなるためである[*15]。他方、仕向地原則であれば、課税と仕入税額控除が輸入国（仕向地）で行われることになる。さらに、仕向地が消費地であることから、仕向地での課税は消費税になじむ。

　原産地原則では、ある物品サービスの輸入について、いずれの輸入国の消費者も同じ税率での税負担になるが、国ごとに物価や貨幣価値が違う中で、「世界中の消費者にとって税率は同じ」というのは意味

[*12]　[OECD 2017].
[*13]　[OECD 2017] 4.
[*14]　仕向地原則に関する日本での研究につき沼田博幸「消費課税の仕向地主義への移行」税務弘報63巻5号（2015）40-47頁。
[*15]　[van Doesum 2020] 291.

がない。それよりも仕向地原則では、輸入国市場で輸入業者と国内事業者との競争中立が保たれることになる。

2 税務代理人

　越境取引における仕向地原則の優位性は、上記**1**でみたとおりである。しかしながら、サービスのBtoC越境取引で仕向地原則の適用が限定的なのは、供給側事業者が顧客の国で申告納税を行うことが、関係法令や言語の不慣れによる負担を伴うからである。

　越境取引を行う事業者が自国以外の国で申告納税を行う場合に、通常、その国に税務代理人（fiscal representative）を置くことが多い。

　この税務代理人に関する付加価値税指令の規定はなく、加盟国の国内法ごとにその資格や権限は異なる。一般に、本来の納税義務者の納税義務に対して、連帯責任を負うとされる。

　例えばドイツでは、ドイツ国内に拠点をもたない事業者は、申告納税事務を行う税務代理人をドイツ国内に置くことができる（ドイツ売上税法22a条1項）。また、税務代理人になり得る資格を税理士等に限定している（同法22a条2項）[*16]。

III　域内越境取引における特徴的な制度

　域内共通ルールである付加価値税指令には、日本の消費税法にはみられない、あるいは日本の消費税法にもあるが内容の異なる概念がある。それは、「固定的施設」（fixed establishment, 以下「FE」という）、「リバースチャージ方式（reverse charge mechanism）」、および三角

[*16] 日本の消費税法には、税務代理人の資格要件の規定はない。

取引課税 (triangulation) である。

1 固定的施設 (FE)

(1) FEとは何か

EU付加価値税共通ルールにおける固定的施設は、国際所得課税における恒久的施設 (permanent establishment, 以下「PE」という) と比較されることが多い。

「PEなければ課税なし」といわれるように、PEは、国際課税における法人所得に対する課税権の有無を決する概念である。これに対してFEは、域内付加価値税の「サービスの提供地」を決める概念である。

本章Ⅰの関連条文でみたように、現行ルールでは次のようになっている。

まずサービスのBtoB取引について、サービスの受領事業者の事業遂行地をサービスの提供地としつつ（指令44条1文）、当該事業者の遂行地以外の場所に当該事業者が有するFE宛てにサービスが提供される場合、当該FEの所在する場所がサービスの提供地となる（指令44条2文）。

次にサービスのBtoC取引について、サービスの提供事業者の事業遂行地をサービスの提供地としつつ（指令45条1文）、当該事業者が事業遂行地以外の場所に当該事業者が有するFEからサービスが提供される場合、当該FEの所在する場所がサービスの提供地となる（指令45条2文）。

BtoB取引およびBtoC取引に関する規定（指令44条、45条）に共通する「事業遂行地」および「FE」の定義は、付加価値税指令施行規則[17]に定められている。

---

[17] この指令規則の目的は、「とくに『事業者』『物品サービスの提供』『課税取引場所』の意義について、付加価値税指令の施行規則を設けることにより、現行付加価値税制度の域内統一的な適用を確保する」（指令規則前文(4)）ことにある。

まず、「事業遂行地」とは、「事業の中核的管理が機能している場所」（指令規則10条１項）である。事業の中核的管理が機能している場所を決する３要素は、「事業全般の執行に関する主要な決定が行われる場所」「登録された事務所が所在する場所」および「業務執行会議が行われている場所」である（指令規則10条２項１文）[18]。

　次に、「FE」とは、サービスのBtoB取引については、「付加価値税指令施行規則10条に定める施設の場所以外で、相当程度の恒久性をもち、かつ、当該施設に提供されるサービスを当該施設のために受領して使用するのに十分な人的・技術的資源の構造を有するあらゆる施設」（指令規則11条１項）である。また、サービスのBtoC取引については、「付加価値税指令施行規則10条に定める施設の場所以外で、相当程度の恒久性をもち、かつ、当該施設が提供するサービスを供給するのに十分な人的・技術的資源の構造を有するあらゆる施設」（指令規則11条２項ａ）とされる。事業者がある場所に付加価値税登録番号を有していたとしても、その事実のみでそこがFEであるとはいえない（指令規則11条３項）。

　FEの定義は、欧州司法裁判所の判例[19]の集積を経て、2011年に制定された。この定義規定により、FE該当の有無が明確になったとはいえ、それでもなお、FE該当性が欧州司法裁判所で争われることが多い。施行規則制定後にFEの存否が争われた、主要な３判例についてみていく。

① 「Welmory事件」（欧州司法裁判所2014年10月16日判決）[20]

【事実の概要】
　キプロスで設立されたW社は、顧客にオークション参加権（以下「bids」という）を購入させる形態のインターネットオークション事業を行っている。W社は、2009年にポーランド国内のP社と提携契

---

[18] これら３要件によって「事業遂行地」が特定できないときには、「事業全般の執行に関する主要な決定がなされている場所」の要件が優先される（指令規則10条２項２文）。
[19] 先例として、「DFDS事件」（欧州司法裁判所1997年２月20日判決、C-260/95）。
[20] C-605/12.

約を結び、W社のインターネットオークション関連の種々のサービスは、P社によって行われることとなった。翌年、W社はP社の全株式を取得した。

このオークションでは、W社からbidsを購入した顧客がオークションに参加して入札を行い、最も高いbidsを提示した者がオークション品を入手する仕組みになっている。

W社とP社としては、インターネットオークションはキプロス国内で行われていると認識していたため、P社は顧客に対してインボイスを発行していなかった。しかしながらポーランドの課税当局は、P社はW社のFEであり、インターネットオークションの売上げに対する課税権はポーランド政府にあるとして、課税処分を行った[21]。

P社は、ポーランドの国内行政裁判所に課税処分取消訴訟を提起したが、同裁判所は、「W社とP社は経済的に不可分の一つの事業活動をポーランドで行っている」と判断した。P社は、これを不服として上級行政裁判所に上訴した。同裁判所は、キプロスのW社とポーランドのP社間のサービスの越境取引に着目し、W社がP社のインフラを利用することによって事業活動を行う場合、本指令44条にいうFEがポーランド国内にあるといえるかどうかの判断を求めて、欧州司法裁判所に付託した[22]。

【裁判所の判断】

判決はまず、サービスのBtoB越境取引における提供地は、サービスを受給する事業者の遂行場所が原則であり、この原則適用が合理的な結果に至らない場合、または関係加盟国間で課税権の抵触がある場合にのみ、FEが検討されるとした上で[23]、次のような判断を示した。

「[筆者注：W社がポーランド国内にFEを有しているとするためには]W社は、最低でも、相当程度に恒久的な構造、すなわちポーランド国内でサービスを受領してそれを事業に使用できる人的・技術的資源を有する構造をポーランド国内に置いていなければならない。……W社がオークション用ウェブサイトをP社に使わせていたとか、bidsをポーランド国内の顧客に販売していたというような事実は、重要で

---

[21] 本件インターネットオークションはBtoC取引であることから、指令45条により、P社がW社のFEとされれば、サービスの提供地はキプロス（税率19％）でなく、ポーランド（当時の税率22％）となる。

[22] P社からW社へのサービス提供はサービスの越境取引であり、原則は受領事業者W社の所在地（キプロス）での課税となる。しかし、P社がW社のFEであれば、指令44条により、FEとしてのP社の所在地（ポーランド）での課税となる。

[23] Para. 53.

はない。」[*24]

「提携関係にある二つの会社の事業活動が、全体としてはポーランド国内の顧客に対して行われているという事実は、W社のFEがポーランド国内にあるかどうかにとって本質的なことではない。P社からW社に提供されたサービスは、W社からポーランド国内の顧客に提供されたサービスと区分されなければならない。……ある加盟国の事業者が、他の加盟国の事業者からサービスを受領するとき、当該他の加盟国に付加価値税指令44条にいうFEが認められるのは、当該施設に相当程度の恒久性があること、すなわち、サービスを受領してそれを事業に使用できる人的・技術的資源を有する構造である場合に限られる。」[*25]

② 「Dong Yang Electronics事件」(欧州司法裁判所2020年5月7日判決)[*26]

【事実の概要】
ポーランド法人のD社は、韓国法人LK社が提供する原材料をプリント基板に加工するサービスを提供している。両社間の契約によれば、韓国から輸出された原材料は、ポーランド国内で設立されたLK社の子会社LP社を通してD社に提供される。D社はその加工サービスについて、LK社にインボイスを送付し、韓国で付加価値税が課されるものと認識していた。ところが、ポーランドの課税当局は、LP社を当該加工サービスにおけるLK社のFEとし、当該加工サービスはD社からLP社に提供されたものであるとして、課税処分を行った。D社は、これを不服として国内裁判所に提訴したが、同裁判所は、域外の法人が域内加盟国内に子会社をもつという事実のみから、当該子会社を付加価値税指令44条のFEとできるかどうかの解釈を求めて、欧州司法裁判所に付託した。

【裁判所の判断】
前述の「Welmory事件」判決で示された諸点(指令44条の趣旨は二重課税防止および二重不課税の防止であること、BtoBのサービスの越境取引の提供地は受領事業者が事業を行っている場所であることが原則であること、FE認定は原則の例外であること)が確認されたのち、次のような判断が示された。

[*24] Paras. 59-60.
[*25] Paras. 64-65.
[*26] C-547/18.

「事業と取引の実体の考慮により、付加価値税共通ルールの原則的適用基準が形成されるとした当裁判所の先例に従い、FEのような施設の取扱いは、その法的性質のみによって決められるものではない。……子会社が親会社のFEとなることは可能であるが、FEは、事業と取引の実体に照らして判断されるべき付加価値税指令施行規則11条の実体要件により判断されなければならない。……域外法人が域内に子会社を有しているという事実のみをもって、当該域外法人が域内にFEを有しているとみなすことはできない。」[27]

③ 「Titanium事件」(欧州司法裁判所2021年6月3日判決)[28]

【事実の概要】

ジャージー[29]に拠点を置くT社は、オーストリアのウィーンに保有する物件の賃貸を唯一の業務としている。T社は、このオーストリア国内の不動産賃貸につき、その業務(不動産の賃貸サービス、インボイスの発行、付加価値税申告内容の整理など)をオーストリアの不動産管理会社B社に委託していた。B社は、当該不動産の賃貸業務全般を担っていたが、賃貸契約内容に関する決定権はT社にあった。

T社は、これらの不動産賃貸にかかる付加価値税の申告において、当該不動産賃貸サービスにかかる施設がオーストリア国内にないことを根拠に、オーストリア国内での納税義務はないと考えた。これに対してオーストリアの課税当局は、賃貸物件がオーストリア国内の施設であり、かつ、T社はオーストリア国内で不動産賃貸という消極的行為(受忍行為)[30]を行っているとして課税を行った。

これに対してT社は、賃貸物件の所在地オーストリアには自社のスタッフがいないとして、オーストリアの連邦財政裁判所で課税処分取消しを争った。同裁判所は、FEが人的・技術的資源を常に必要とするか、あるいは、課税対象となる物件賃貸の場合、当該物件の提供者が第三者に対してその利用を認めるという消極的行為(受忍行為)により、人的資源がなくてもその資産はFEとされ得るかについて、欧州司法裁判所の解釈を求めて付託した。

---

[27] Paras. 31-32.
[28] C-931/19.
[29] 英仏海峡にある英国王室属領。金融を経済の中心とする、いわゆるタックス・ヘイブン地である。付加価値税率は5％。
[30] 資産の賃貸は、日本がこれを役務の提供とはしないのに対し、EU域内の共通ルールでは「サービスの提供」とされる。すなわち、自己の資産を他人に利用させるという受忍行為(＝サービス)とされる。

> 【裁判所の判断】
> 「FE概念は、当裁判所の確定した諸判決によれば、当該サービスを提供するのに必要な人的資源と技術的資源の双方を継続的にもっていることを最低限度の目安とするものである。したがって、人的・技術的資源という表現は、サービスを提供するのに相応しい相当程度の恒久性と構造が求められることを意味する。
> ……とくに、自身のスタッフのいない構造は、『FE』の範囲には含まれない。」*31
> 「ある加盟国で資産を賃貸するに際し、当該財産の所有者がその賃貸に関するサービスを行う自身のスタッフを当該加盟国に有していない場合、付加価値税指令43条、44条および45条にいうFEを有しているとはいえない。」*32

欧州付加価値税における固有概念としてのFEについて、その存否の判断に際して、付加価値税指令施行規則の関係条文や欧州司法裁判所の諸判例に照らし、以下の諸点が重要である。

第一に、FEの制度趣旨は、EU域内におけるサービスの越境取引に対する付加価値税の二重課税または二重不課税を回避することにある。すなわち、事業者の事業活動の場所（付加価値税指令施行規則にいう「事業の中核的管理が機能している場所」）が複数の加盟国に散在している場合に、付加価値税の二重課税を排除するため、あるいは、事業者の事業場が複数の加盟国にあるものの、どれも中核的管理機能を有しているとはいえない場合に、二重不課税を排除するためである。

第二に、FEは例外的なルールである。すなわち、BtoB越境取引の原則である受領側事業者の所在地国での課税、BtoC越境取引の原則である提供側事業者の所在地国での課税が不合理な結果をもたらす場合に、その存在が検討されることになる。

第三に、FEには当該施設がサービスを受領するため、またはサービスを提供するために、相当程度の恒久性のある、十分な人的・技術的資源をもつ構造を有していることが求められる。この「十分な人的・

---

*31 Para. 42.
*32 Para. 45.

技術的資源をもつ構造」要件の充足は、厳格に求められる。

第四に、付加価値税番号を有しているという事実だけでFEとされるものではない。その活動と構造により、実質的に判断される。

(2) 倉庫はFEか

欧州付加価値税においては、倉庫の所在地が課税地となるかどうかの問題は、FEの問題として議論される。

一般には、倉庫を賃借して商品を保管する場合、当該倉庫は賃借事業者にとってFEとみなされない[*33]。それは、賃借倉庫には「十分な人的・技術的資源を有する構造」が認められないのが通常だからである。すなわち、倉庫管理者には従業員に対する指揮監督権限がない、倉庫の自由利用権限がないのが一般であるというものである。したがって、賃借倉庫であっても十分な人的・技術的資源を有する構造が認められる場合には、FEが認定される余地があろう。

❷ リバースチャージ方式

リバースチャージ方式（reverse charge mechanism）もまた、前述のFE同様、サービスの越境取引において重要な仕組みである。

サービスの提供側事業者の納税義務をサービスの受領側事業者に転換するというこの仕組みは、日本においてもデジタルコンテンツのBtoB越境取引で導入されているが[*34]、EU域内ではサービスのBtoB越境取引全般に適用される。

本書では、サービスの越境取引との関連でリバースチャージを検討するが、加盟国内で脱税または租税回避への対応としてリバースチャージ方式が利用されることがある。例えばドイツでは、税収への影響が甚大な脱税案件と判断される国内取引についても、ドイツ財務省は連邦議会参議院の同意により、当該取引にリバースチャージを適

[*33] 賃借倉庫をFEとみなさない根拠につき［Bunjes, Geist 2023］§3a, Rn.14.
[*34] 消費税法2条1項8の3号の「電気通信利用役務の提供」参照。

用することができる（ドイツ売上税法13b条10項）*35。

　サービスの越境取引に対するリバースチャージ適用の利点は、以下のとおりである*36。

　第一に、サービスの受領地で申告納税を行うことは、消費課税の原則である仕向地原則に合致する。

　第二に、提供事業者が受領事業者側の国の不慣れな申告納税事務から解放され*37、コンプライアンスコストの軽減になる。

　第三に、課税当局にとっても、還付だけ受けて納税をしない脱税スキームに対して、受領事業者側で納税義務を確保することができる。

　ただし、リバースチャージの弱点としては、受領側事業者の所在国の課税当局にとって、控除対象仕入税額に関する調査と執行が相対的に難しいことである。すなわち、納税義務を負うことになる受領側事業者は、提供側事業者によって転嫁された付加価値税の控除を自国の課税当局に請求するところ、当該課税当局は、他の加盟国所在の提供側事業者の転嫁内容を精査しなければならない*38。

3　三角取引課税

(1)　三角取引課税の概要

　図表4－1のような物品取引が行われるとき、課税はどこで、どの取引に対して行われるのであろうか。

---

*35　この10項は、ドイツ国内の深刻な脱税スキームへの対抗措置として、2014年改正法（BGBl. I, 1266）により導入された。以前は、脱税スキームの存在を前提として、悪意の受領事業者に納税義務ではなく納付責任を負わせる規定（ドイツ売上税法25d条）があったが、2019年改正法により削除された。
*36　リバースチャージ制度の功罪につき［van Doesum 2020］802-803.
*37　提供事業者の受領者側の国で課税事業者登録は必要なく、また、受領事業者側の国に納税管理人（fiscal representative）を置く必要もない。
*38　インボイス中のリバースチャージ適用の表示は必須であるところ（指令226条11a号）、この記載を欠くときに、提供側事業者も受領側事業者も納税義務の認識がない二重不課税が想定される。しかしながら、欧州付加価値税では付加価値税番号によって、取引相手のステータスは明確なので、このような二重不課税の問題はまれであろう。

130　第4章／越境取引

■図表4－1

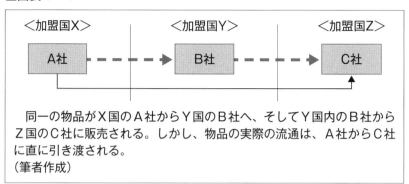

同一の物品がX国のA社からY国のB社へ、そしてY国内のB社からZ国のC社に販売される。しかし、物品の実際の流通は、A社からC社に直に引き渡される。
（筆者作成）

　このような取引形態は、一般に、「三角取引（triangulation）」と呼ばれる。
　通常の課税ルールの原則に従えば、X国のA社からY国のB社への域内供給、Y国のB社からZ国のC社への域内供給と、二つのBtoB取引が行われることになる。しかしながら、取引対象の物品は提供事業者（A社）から最終受領事業者（C社）に直接送付されるにもかかわらず、両者間に介在する事業者（B社）は、申告納税や仕入税額控除の手続をとらなくてはならない。このような手続の煩雑さを回避して簡素化するために、X国のA社からZ国のC社への域内供給が行われているものとし、B社には納税義務が生じない（指令141条ｄ）。
　この三角取引は、関係事業者がさらに多くなる連鎖取引（chain transaction）の一つであり、付加価値税指令141条ｄの「ある事業者に対して譲渡された物品が、その後に域内で課税事業者登録を行っている他の事業者に再譲渡される場合」と定められていることから、このルールは三角取引を含む連鎖取引に適用される。ただし、次の要件を充足しなければならない。
　第一に、三角取引課税の適用は、それぞれ別の加盟国に所在する課税事業者登録を行っている事業者に限る。
　第二に、三角取引課税の適用は、物品の域内取引に限る。
　第三に、三角取引を構成する各取引は、その取引内容に変更があっ

てはならない。すなわち、提供事業者から最終受領事業者へ直接送付される物品の内容等について、両事業者と介在する事業者間の各契約に変更が加えられていてはならない。

(2) 三角取引課税の関係規定

まず、物品の域内取得について、付加価値税指令は以下のように規定する。

> **付加価値税指令40条**
> 　物品の域内取得の場所は、当該物品の受領者宛ての発送または輸送が終了する場所とする。

そして、域内取引が連鎖的に行われる場合について、付加価値税指令は以下のように規定する。

> **付加価値税指令42条**
> 　以下の要件を充足する場合には、……本指令40条による域内取得が行われたものとみなす。
> 　a．物品の受領者が、本指令40条に規定する域内での再譲渡目的で域内取得を行う者であり、その再譲渡の相手方が本指令197条により付加価値税の納付義務を負うとされている場合。
> （b．省略）

上記付加価値税指令40条と41条を踏まえ、物品の域内取得の納税義務者は受領者であり、これを踏まえて、三角取引の中間事業者の域内取得を非課税とすることを加盟国に義務付けているのが以下の規定である。

> **付加価値税指令141条**
> 　各加盟国は、以下の要件を充足する場合に、本指令40条の規定に準じ、物品の域内取得に対して付加価値税を課さない措置を講じなければならない。
> a.～c.省略
> d. ある事業者に対して譲渡された物品が、その後に域内で課税事業者登録を行っている他の事業者に再譲渡される場合

　これらの規定により、「物品の域内取得」の納税義務者は受領側事業者となり、域内で行われる物品の三角取引も域内取得とみなされる。しかしながら、三角取引の中間事業者の域内取得は、簡素化の観点から非課税とすることが加盟国に義務付けられる。
　この三角取引課税は、事業者の手続簡素化のための特別措置であるため、その適用は厳格に行われる。このことは、以下の欧州司法裁判所判決にも示されている。

◆「Luxury Trust Automobil事件」（欧州司法裁判所2022年12月8日判決）[*39]

【事実の概要】
　オーストリアで設立されたL社は、複数国での高級車の販売・仲介を業としている。2014年にL社は、英国から購入した自動車をチェコのM社に販売した。英国事業者からL社へのインボイス、およびL社からM社へのインボイスには、それぞれ付加価値税番号のほか、「三角取引課税適用の非課税の域内取引」の記載もされていた。
　ところがオーストリアの課税当局による税務調査によって、L社発行のインボイスには必須記載事項である「リバースチャージ適用」の記載を欠いていることが判明した。これにより、三角取引課税は適用されず、L社に納税義務が生ずる旨の課税処分が行われた。
　これを不服とするL社は、処分取消しを求めて提訴した。上訴を受けたオーストリア最高財政裁判所は、三角取引において最終受領事業

[*39] C-247/21.

者に納税義務が転換されるリバースチャージが適用される場合に、中間事業者から最終受領事業者に対するインボイス中に「リバースチャージ適用」の記載がなければ、三角取引課税は適用されないかどうかの解釈を求めて、欧州司法裁判所に付託した。

【裁判所の判断】

「三角取引とは、物品について、第一の加盟国の者が第二の加盟国の中間者に譲渡し、それをさらに第三の加盟国の最終顧客に譲渡する取引であるが、当該物品自体は第一の加盟国から第三の加盟国に直接輸送される取引をいう。」[*40]

「［筆者注：本指令40条と42条の規定により］第二の加盟国の中間者の域内取得について、その納税義務が第三の加盟国の最終顧客の域内取得に転換されるという、例外措置が定められている。」[*41]

「［筆者注：本指令42条と141条の規定により域内取得の納税義務を負わない］物品の域内取得者である中間者により発行されるインボイスにつき、本指令197条1項cにより、……その顧客が付加価値税の納税義務を負う場合には、インボイス中に『リバースチャージ適用』の記載をしなければならない。……提供者と受給者の取引にリバースチャージが適用される際の手続は、適用の手続は正確になされなければならないのは、当該受給者が納税義務を負うことを明確にしなければならないからである。」[*42]

「［筆者注：本指令226条11aによる］インボイス中の『リバースチャージ適用』記載の不備は、事後の修正によって治癒されることはできない。」[*43]

Ⅳ　越境取引課税の課題

EU域内の越境取引から生じる脱税額に関する公式統計はないが、

[*40] Para. 41.
[*41] Para. 43.
[*42] Paras. 47, 55.
[*43] Para. 56.

英国の新聞報道によれば、毎年500億ユーロに上るとされる[*44]。とくに巨額な脱税スキームは、「物・人・サービス・資本の自由移動」というEUの基本原則を逆手にとり、付加価値税制度の必須要素である仕入税額控除制度を悪用した、組織犯罪グループによるものとされる。

EU域内の越境取引ルールの課題は、巧妙な脱税スキームを封じつつ、事業者の経済活動の阻害とならないように、EU域内外の事業者にとって簡素な申告納税の仕組みを実現することである。このような脱税対策と事業者のコンプライアンスコストの削減という、両立困難な目的実現のため、原則に対する例外の設定、経済活動の変化への対応と、付加価値税指令の規定はますます複雑化する。

越境取引への適正な課税の手法として、既存の制度の精緻化と新たな制度の構築が考えられる。

まず、既存の制度の精緻化としては、脱税スキームには偽造インボイスが必須ツールであることから、インボイスの「原本真正性（authenticity of the origin）」と「内容の完全性（integrity of the content）」（指令233条1項）を徹底させることである[*45]。その際、インボイス記載の提供者または発行者が実在しているだけでは足らず、取引当事者としての実体を有していることの確認も重要である。

次に、新たな制度の構築として、域内取引に関して2020年1月1日からEU域内で実施されている、従来の共通ルールの一部の修正を可能とする「簡易修正（Quick Fixes）」が挙げられる。

この「簡易修正」は、四つの項目からなる[*46]。

[*44] Paolo Gentioni, "EU tax crackdown is essential for sustainable growth" *Financial Times* 16.7.2020.

[*45] 「原本真正性」とは、インボイス記載の物品サービスの提供者またはインボイス発行者が実在していること、「内容の完全性」とは、付加価値税指令所定のインボイスの必須記載事項が改変されていないことをいう（指令233条1項）。

[*46] 簡易修正に関する欧州委員会による解説につき、The European Commission, *Explanatory Notes on the EU VAT Changes in respect of call-off stock arrangements, chain transactions and the exemption for intra-Community supplies of goods ("2020 Quick Fixes")* (2019) 参照。

[*47] 加盟国Aの提供者が加盟国Bの受給者に商品を送付する際に、B国の受給者の顧客がこれを引き取るまで課税されない仕組み。

第1項目は、保管仕入品（call-off stock）[47]に関するものである。企業としては配送回数を減らすため、決まった取引相手に対してあらかじめまとめて商品を輸送することがある。このような提供事業者は、これまでは輸送先加盟国での課税事業者登録が必要であったが、簡易修正により、輸送先加盟国は、保管商品が税関を出た時点で課税を行うことになり、提供事業者の課税事業者登録は不要となった[48]。

　第2項目は、連鎖取引に対する課税の簡素化である。これまでの三角取引課税によれば、加盟国Aの提供事業者から加盟国Bの事業者を経て加盟国Cの受給事業者に至る場合、一般にはA国事業者からC国事業者への一つの取引とみなされていた。しかしながら新ルールにより、一連の取引を主導する事業者が関与する取引を課税対象となる越境取引とできるなど、柔軟性のある取扱いが可能となった。

　第3項目は、ゼロ税率適用に関する付加価値税番号の扱いである。これまでも域内取引におけるゼロ税率適用のためには、受領事業者の有効な付加価値税番号の表示が必須であったが、欧州司法裁判所判例により、緩やかな運用がなされていた。しかしながら、新ルールの下では、提供事業者が受給事業者の正しい付加価値税番号をインボイスに記載し、かつ、ゼロ税率取引である旨を域内売上リストに記載しなければ、ゼロ税率が適用されない。

　第4項目は、ゼロ税率適用となる域内取引の証明ルールの統合である。これまでの証明ルールは、加盟国間で異なっていたため、域内取引を行う事業者のコスト増となっていた。しかしながら、新ルールにより、供給事業者が2種類以上の内容的に矛盾のない書類を提示することにより、当該取引がゼロ税率適用であるとみなされる。

　このように、新たな簡易修正制度は、域内取引を行う事業者の手続の簡素化を図る一方で、インボイス必須記載項目の中核となる取引当事者の真正性確認について、事業者自身に責任を負わせる内容となっている。

[48]　ただし、提供事業者は、輸送した商品について域内売上リスト（EC sales list）を作成しなければならない。

COLUMN　伝統的付加価値税と現代的付加価値税

　100年以上の歴史をもつ欧州付加価値税は、消費税の老舗中の老舗である。多くの国がこれをモデルとして消費税を導入している。
　この「伝統的消費税（traditional VAT）」としての欧州付加価値税は現在、組織犯罪集団による巨額脱税などの深刻な問題を抱えている（本書第5章Ⅱ）。それは、現行制度が暫定制度であるために、加盟各国の事情に配慮した共通ルール（付加価値税指令）が原則と例外の混在した複雑なものになっていることと、税率の高さが脱税のメリットも高めていることである。
　この「伝統的消費税」の問題を精査して導入されたのが、「現代的消費税（modern VAT）」の代表とされるニュージーランドの物品サービス税である。
　この新税導入準備として当時のニュージーランド政府は、当初から簡素な制度を目指した。すなわち、非課税制度や複数税率構造がもたらす問題点を徹底検証し、「単一税率」（導入当初は10％、現在は15％）、「非課税項目なし」（金融取引、ファインメタル取引、非営利団体による寄付品販売などの若干の例外を除く）という原案を国民に示した。そして、事業者を含む国民全体に対する事前説明期間、この説明に対する意見へのフィードバックを十分に行った上で、1986年に満を持して新税導入に至ったのである。
　医療サービスにも教育サービスにも課税が及ぶこと、生活必需品に対する軽減税率がないことについて、英国連邦の一員として英国の付加価値税制度を熟知している国だけに、当初は政府の原案に対する国民の反発は大きかった。しかしながら政府は、非課税は結果的に最終消費者の負担増になること、軽減税率の逆進性軽減の効果は限定的であり、むしろ富裕層に恩恵が及び得ることを、統計調査の結果や広い調査対象からのアンケート結果を示して説得にあたった。
　この物品サービス税の導入の経緯と、これに対する高い評価については、[Mirrlees 2010]の第4章（Value Added Tax and Excises）末のIan DicksonとDavid Whiteによるコメンタリー（同書387頁以下）、および[Krever & White 2007]の第1部のRoger Douglasの論文（同書3頁以下）に詳しい。White教授は、ニュージーランドを代表する付加価値税研究者であり、Douglas卿は、物品サービス税導入

の陣頭指揮をとったニュージーランド財務省の元大臣である。
　このように円滑に新税を導入したニュージーランドは、現在、OECD加盟国の中で最も税収効率の高い、すなわち脱税などによる徴収漏れがほとんどない国とされる（税収効率の指標であるVRRについては、［OECD 2022］58頁参照）。もちろん、ニュージーランド物品サービス税の安定性と信頼性は、簡素な制度設計と導入時の万端の準備のみに拠るものではなく、人口が少なく（2023年12月の同国統計によれば約520万人）、それゆえ社会保障制度（KiwiSaverと呼ばれる）がゆきわたっていることも大きい。
　ひるがえって日本の消費税も、導入時は「公平、中立、簡素」を標ぼうし（税制改革法3条）、広い課税ベースと低い税率の「現代的消費税」の方向性だったはずである。しかしながら、非課税項目数は欧州付加価値税と同レベルで、2019年からは複数税率構造となり、明らかに「伝統的消費税」へ方向転換をしている。
　同じ欧州付加価値税を手本としながら、「新しいワインは新しい革袋に」として新たな仕組みを構築したしたニュージーランドの物品サービス税と、欧州付加価値税の伝統に従った日本の消費税と、その違いはどこから来るのであろうか。
　思うに、その名称にあるのではないか。欧州ではかつて、「付加価値税は消費税か、取引税か」をめぐる論争があった（［Tipke, Lang 2021］1044頁以下参照）。結論として、「実質的には消費税であり、徴収技術上、取引税の形式をとる」とされた。日本は、OECD加盟国の中で唯一「消費税」の名称を用いている。「消費税」という名称は、担税者が最終消費者であることが強調され、それゆえ、医療や教育といった政策的配慮の必要な事柄に対する非課税措置は不可避であり、最終消費者の生活必需品には軽減税率が必要だという考えと結びつく。
　他方、「物品サービス税」という名称は、モノとサービスが転々と流通することに対する課税であることが強調される。その流通を担うのは事業者であり、事業者による税額転嫁と仕入税額控除が円滑に行われることが重視される。このような発想からすると、納税義務を負う事業者の把握と管理が重要となる。ニュージーランドでは、過去12か月間の課税売上額が6万NZドル（1NZドル＝90.7円換算で約544万円）を超える者は、課税事業者登録をすることが義務付けられている。課税の仕組みは簡素であるが、事業者の管理は厳格に行っていることが特徴的である。

第5章

個別問題

「付加価値税は、事業者に対するあらゆる租税の中で最も負担が大きく、それゆえ、そのコンプライアンスコストが事業者の規模に反比例して高いというのは、多くの研究が示しているところである。」
クリス・エバンス、リチャード・クリーバー（2021年）

本章のポイント

○本章では、日本の消費税においても喫緊の課題である「税率構造」、「脱税問題」および「コンプライアンスコスト」をめぐる欧州付加価値税の現状と課題を概観する。

I 税率構造

1 付加価値税率の現状

2020年の調査研究によれば、152の国と地域で付加価値税が導入されており、そのうちの46％が単一税率、54％が複数税率を採用している[*1]。

全世界的には、単一税率は少数ではない。しかしながら、EU域内では加盟28か国中（2021年にEUを離脱した英国を含む）、単一税率はデンマーク（税率25％）だけである[*2]。

付加価値税指令は、標準税率を15％以上とする（指令97条）。そして、軽減税率については詳細な規定を置いている。

付加価値税指令98条
1．加盟国は、最大2種類の軽減税率を適用することができる。
　課税標準に百分率を乗じる軽減税率は、5％以上でなくてはならず、別表Ⅲに掲げる物品サービスの提供に限られる。
　加盟国は、別表Ⅲの最大24項目の物品サービスの提供について、

[*1] [van Brederode 2021] 77.
[*2] デンマークでは新聞（月1回以上発行されるもの）には0％が適用されるので、厳密にいえば複数税率である。ただし、この0％適用は、逆進性緩和目的でなく、市民の知る権利を考慮したものである。

>   軽減税率を適用することができる。
> 2. 加盟国は、本条１項の２種類の軽減税率のほか、別表Ⅲの最大７項目について、５％未満の軽減税率および仕入税額控除付き非課税を適用することができる。
>   ５％未満の軽減税率および仕入税額控除付き非課税を適用できるのは、
>   a．別表Ⅲの(1)から(6)および(10c)
>   b．別表Ⅲのそれ以外の項目で、本指令105a条１項により認められるもの
>   ……
> 3. １項および２項に定める軽減税率および仕入税額控除付き非課税は、別表Ⅲの(6)、(7)、(8)および(13)以外の電子的サービス提供に適用してはならない。
> 4. 本指令に定める軽減税率および仕入税額控除付き非課税を適用する際には、該当項目に該当することを正確に示すために、加盟国は統一用語または商品の統計上の分類のいずれかまたはその両方を使用することができる。

　上記の付加価値税指令諸規定を踏まえ、2023年末時点の加盟27か国の税率構造は、図表５－１のとおりである。

　現行の付加価値税指令別表Ⅲによれば、軽減税率を適用可能な項目（仕入税額控除ができる非課税項目を含む）は、以下のとおりである[*3]。

1. 人および家畜が食する食料品
2. 飲料水の提供
3. 人および家畜の治療用医薬品
4. 医療用の身体補助具
5. 人およびその携帯品の輸送
6. 書籍、新聞および定期刊行出版物（紙媒体およびデジタル配信）
7. 劇場、娯楽施設、展覧会等の文化的施設の入場
8. ラジオ、テレビ、ウェブキャストなどの受信
9. 作家、作曲家等によるサービス提供

[*3] 2025年１月１日から適用されるものを含む。新たに追加されるのは、下記項目の26から29の４項目である。

■図表５－１　加盟国の税率（2023年末時点）

国　名	標準税率	軽減税率
オーストリア	20%	0%、10%、13%
ベルギー	21%	0%、6%、12%
ブルガリア	20%	0%、6%
クロアチア	25%	0%、5%、13%
キプロス	19%	0%、5%、9%
チェコ	21%	10%、15%
デンマーク	25%	0%
エストニア	20%	0%、5%、9%
フィンランド	24%	0%、10%、14%
フランス	20%	0%、2.1%、5.5%、10%
ドイツ	19%	7%
ギリシア	24%	6%、13%
ハンガリー	27%	5%、18%
アイルランド	23%	0%、4.8%、9%、13.5%
イタリア	22%	0%、4%、5%、10%
ラトビア	21%	5%、12%
リトアニア	21%	0%、5%、9%
ルクセンブルク	16%	3%、7%、13%
マルタ	18%	0%、5%、7%
オランダ	21%	0%、9%
ポーランド	23%	0%、5%、8%
ポルトガル	23%	0%、6%、13%
ルーマニア	19%	0%、5%、9%
スロバキア	20%	10%
スロベニア	22%	0%、5%、9.5%
スペイン	21%	0%、4%、5%、10%
スウェーデン	25%	0%、6%、12%

（出典）　*EU VAT Compass 2023/2024*, 892頁以下

10. 家屋の建築および改築
10a. 公的施設の建築および改築
10b. 個人の住宅の掃除および窓掃除
10c. 個人の住宅および公的施設のソーラパネル設置
11. 農産物生産に使用する物品サービスの供給（資本財は除く）
11a. 臓器およびその提供にかかるサービス
12. ホテル等の宿泊サービス
12a. レストランでの食事提供およびケータリングサービス
13. スポーツイベントの入場
14. （削除）
15. 福祉または社会保障関連組織による物品サービスの提供
16. 埋葬サービスおよびこれに関連する物品の譲渡
17. 医療（歯科医療を含む）ケア
18. ごみ収集、ごみリサイクル等のサービス
19. 靴修理、洋服仕立直し等のサービス
20. 自宅での子どもおよび老病者のためのサポートサービス
21. 散髪
22. 電力、地域冷暖房[*4]の供給
23. 植物および草花
24. 子どもの衣服、靴および車両用チャイルドシート
25. 自転車（電動自転車）の販売、貸出しおよび修理
26. 芸術品および骨董品
27. 一定の法律サービス
28. 救急救命用器具で特定の公的機関に提供されるもの
29. 灯台の運営、救命サービスなど

　各加盟国は、上記29項目のうちから軽減税率適用項目を選択し、国内法で定めることができる。軽減税率は、食料品などの生活必需品にとどまらない。2022年には、環境関連項目（上記項目の10c、18、25）

[*4] 地域冷暖房とは、個別建物では利用しにくい未利用エネルギー（例えばゴミ焼却炉の排熱）を一定地域の複数建物に供給するシステムをいう。

が追加され、さらに2025年からは、芸術品や骨董品の取引も加わる。

　文科芸術関連サービス（上記項目の7など）やホテル宿泊サービス（上記項目の12）は、担税者である最終消費者にとって必需サービスではなく、むしろ娯楽サービスであるが、軽減税率適用対象項目に含まれている。

2　軽減税率導入の理由と問題点

　複数税率導入の理由として、以下の説明がなされる。
① 　課税に対する社会的支持を得ることができる。
② 　逆進性を軽減することができる。
③ 　社会に有用な物品サービスと外部不経済をもたらす物品サービスとの差別化を図ることができる。
④ 　一定の経済目的を達成することができる[*5]。

　しかしながら、複数税率には次のような問題がある。
(イ) 　標準税率と軽減税率の振分けの困難さ。
(ロ) 　異なる税率の組合せ商品の適用税率決定の困難さ。
(ハ) 　軽減税率の効果が富裕層にも及ぶことの是非。
(ニ) 　事業者にも課税当局にもコストがかさむ。
(ホ) 　政策の対立または矛盾が生じ得る[*6]。

　軽減税率は、国が税収減を受け入れて最終消費者の負担を軽減させるという意味で、「国家による補助金」といえる。そのため、軽減税率適用項目を決める際には、第一に、強い公益性が必要であり、第二に、比例原則（目指される目標とそのために用いられる手段との均衡、とくに軽減税率の目標達成と事業者と課税当局双方に生じるコストとの衡量）が考慮されなければならない[*7]。

---

*5　例えば、労働集約的な小規模事業（別表Ⅲ19の靴修理業など）を軽減することにより、零細企業を支援することができる。
*6　例えば、社会政策により電力供給を軽減税率にする一方でエネルギー政策としては節電を求めるという矛盾が生じ得る。
*7　[Tipke, Lang 2021] 17.275 (Joachim Englisch 執筆)

軽減税率を正当化する最大の根拠は、消費全般に対する課税により生じる逆進性の軽減である。所得税のような累進税率構造による富の再分配機能のない消費税において、低所得者への配慮が必要だということである。

　しかしながら、その効果は限定的である。軽減税率の適用項目によっては、逆進性軽減効果は異なるし、また、低所得者より高額所得者に恩恵が大きいこともあり得るからである*8。

3　軽減税率適用をめぐる具体的事例と裁判例

　軽減税率が実際の課税の局面でどのような問題を生じさせているかについて、EU域内におけるさまざまな具体的事例または裁判例を通してみていく。

　まず、軽減税率適用の代表格といえる「食料品の提供」について、飲食店での「食事の提供」は標準税率適用となる場合に*9、両者の区別基準はどのように考えるべきであろうか。

　共通ルールとしての付加価値税指令によって軽減税率適用項目の大枠は決められていても、実際の課税は各加盟国の国内法で行われる。そのため、異なる加盟国間で課税権や適用税率をめぐる争いが生じる。欧州司法裁判所の実際の裁判例*10を参考に、次の事例を考える。

＊8　芸術関連サービスやホテル宿泊サービスなどの娯楽活動にも軽減税率が適用されるからである。
＊9　上記の指令別表Ⅲ12aでは、「レストランでの食事提供およびケータリングサービス」も軽減税率適用可能項目に入っているため、国内立法でこれを軽減税率とすることはできる。しかしながら、ドイツなど多くの加盟国では、日本と同様、「食事提供」は標準税率適用項目となっている。
＊10　「Faaborg-Gelting Linien事件」（欧州司法裁判所1996年5月2日判決、C-231/94）を参考にした事例である。同事件は、1977年第6指令時の判決であるが、税率およびBtoCサービス取引の提供地に関する規定に基本的な変更はないので、現在の指令が適用可能な事例として紹介する。

Ⅰ／税率構造　　145

> **事　例**　２か国間を航行する船舶内の食事提供

　EU加盟国のA国で設立された海運会社F社が運営する観光客船は、A国と加盟国B国間を結ぶ航路で運行されている。この観光客船の船内食堂で提供される食事について、B国課税当局は、船内の食事提供は「物品（食料品）の提供」にあたり、付加価値税の課税権はB国にあると考えている。これに対してF社は、船内の食事提供は「サービスの提供」であり、BtoC取引にあたる本件食事提供のサービス提供の場所は、サービスの「提供者の業務遂行地」（指令45条）であり、この業務遂行地はA国であって、B国に課税権はないと考えている。

　要するに、B国課税当局は、課税権が自国にあることを理由付けるために、本件食事提供を「物品の提供」（B国では軽減税率適用）と主張している。これに対してA国は、２国間を結ぶ航路で行われている「サービスの提供」であるから、サービスの提供地（F社の所在地）であるA国に課税権があると反論している。

　いずれの主張が認められるべきであろうか。

> **考え方**

　ここで争点となるのは、以下の２点である。
① 　「食料品」には軽減税率、「食堂での食事提供」には標準税率が適用されることを前提とした場合、「食料品販売」と「食堂での食事提供」の付加価値税指令における区別基準はいかなるものか。
② 　上記①の付加価値税指令上の基準がない場合、これに関する国内法規定が異なる加盟国間で運行される船内食堂での食事提供には、いずれの国の国内法が適用されるか。

　まず①について、欧州司法裁判所の解釈によれば、「その場で飲食をする調理済み食品と飲料の提供は、調理から給仕に至るまでの一連のサービスの結果であり、また同時に、顧客の便宜のためにクロークを備えた食堂、調度品、食器類も整えられている。仕事としてレストラン業務に携わる者は、テーブルを整え、顧客にメニューの説明をし、給仕をし、食事が終われば片付けをする」[*11]。つまり、食堂での食事提供は、その大部分がサービスの提供であり、食事（物品）の提供はそのごく一部にすぎないということである。

　次に②について、食事の提供がサービスの提供であること、そしてこれがBtoC取引であることを前提としたときに、欧州司法裁判所の

＊11　「Faaborg-Gelting Linien事件」para. 13.

解釈によれば、「[筆者注：課税地となる]サービス提供者の業務遂行地とは、その者の主要な業務が行われている場所であり、その場所を提供地とすることが課税上不合理な結果あるいは他の加盟国との紛争がもたらされる場合にのみ、これとは異なる場所がサービス提供者の業務遂行地となる」[*12]。つまり、本事例において、仮に航路の大部分がＢ国にあるとしても、BtoB越境サービス取引における課税地の決定において、原則に拠らず、Ａ国の課税権を排除してまでＢ国に課税権を認めるほどの合理的な理由はなく、Ｂ国をサービスの提供地とみることは困難であろう。

次の欧州司法裁判所判決は、標準税率適用商品が事後に軽減税率適用商品であったことが判明したときの問題点を示すもので、軽減税率をめぐる欧州司法裁判所の判決として最も有名な事件である。

◆「Marks & Spencer事件」（欧州司法裁判所2008年4月10日判決）[*13]

【事実の概要】
　食料品および衣料品販売を主力事業とする英国の小売業大手のＭ社は、チョコレートコーティングのティーケーキを1973年から1994年まで標準税率（17.5％）で販売していた。ところが1994年の課税当局の公式文書により、この種の菓子に対する標準税率適用は誤りであり、軽減税率（０％）であることが示された。そこでＭ社は、21年間分の過大納付税額について全額（35万英ポンド）の還付を求めたところ、課税当局はその10％の還付しか認めなかった。その理由は、Ｍ社が過大納付した税額の90％は顧客に転嫁しているのであり、それにもかかわらずＭ社の全額還付を認めれば、Ｍ社に不当利得が生じるというものであった。
　Ｍ社は、この処分を不服として国内裁判所に提訴したが、国内裁判所は「本件のような事情の下で、不当利得を理由とする還付請求拒否が認められるかどうか」について、欧州司法裁判所の解釈を求めて付託した。

[*12] *Ibid*., para. 16.
[*13] C-309/06.

ここで問題となるのは、同種の菓子を販売する事業者が税額転嫁も仕入税額控除もできない小規模事業者（この裁判では「還付請求ができる事業者（repayment trader）」としている）にはその仕入段階で負担した過大税額が還付されるのに、M社のような税額転嫁も仕入税額控除もできる事業者（この裁判では「納税義務者である事業者（payment trader）」としている）には一部の還付しかされないことが、付加価値税の原則である中立原則および課税原則である公平原則に照らして認められるかどうかである。

【裁判所の判断】
　欧州司法裁判所は、付加価値税における中立原則と公平原則を次のように整理した。
　「第一に、中立原則は、競合する同種の商品に対する異なる扱いを禁じるものである。……
　税率の誤りが多数の納税者に及び、その誤納金の還付が『納税義務のある事業者』と『還付請求ができる事業者』とで異なるとすれば、それは同種の商品に異なる税率が適用されることになり、中立原則に反する。……
　第二に、中立原則は付加価値税における公平原則の反映である。しかしながら、中立原則違反は、競合する事業者間において生ずるのに対して、課税全般の原則である公平原則違反は、競合する事業者間だけに限らず、競合関係にはないけれど同じ状況にある事業者の間にも生じる。……
　このように公平原則は、事業者間の競合関係の有無を問わず、事業者が付加価値税の還付請求権を有し、課税当局から還付を受けようとする状況で適用されるのである。……
　したがって、公平原則は、同じ状況に対する異なる取扱いが客観的に正当化されないかぎり、同じ状況に対する異なる取扱いがなされないことを求めるものである。」[*14]
　以上の原則を踏まえ、本件に関して次のような結論を示した。
　「本件に関して、国との関係において、［筆者注：付加価値税の納税義務者として］債務者であるか、［筆者注：還付請求権のある］債権者であるかという立場の違いによって不当利得を理由として事業者の取扱いを異にしていることは、客観的に正当化できない。……
　公平原則と中立原則は、本件においても適用されるが、これらの原則に対する違反は、還付の否認が事業者の不当利得によるものである

---

*14　Paras. 47-51.

という事実だけでは成立しない。むしろ、『納税義務のある事業者』と『還付請求ができる事業者』が同じ市場で同種の商品の販売をしている以上、不当利得を理由とする還付の否認を禁ずるものである。」*15

　次の裁判例は、「Marks & Spencer事件」とは逆に、軽減税率適用商品が、法令変更によって賞味期限による税率振分けが行われることになった結果、標準税率適用商品になった事案である。

◆「AZ事件」（欧州司法裁判所2017年11月9日判決）*16

【事実の概要】
　ポーランドの菓子製造会社A社は、同社の長期保存菓子を長年にわたり軽減税率適用商品としてきた。ところが、ポーランド政府は2013年に関係法令を変更し、賞味期限が45日を超えない菓子類にのみ軽減税率を適用することとなった。A社は、上記商品が標準税率適用商品になったことを不服とし、国内裁判所に提訴した。
　同裁判所は、適用税率が賞味期限45日の基準により振り分けられることがEU法に反しないかどうかについて、欧州司法裁判所の解釈を求めて付託した。

【裁判所の判断】
　欧州司法裁判所は、軽減税率は原則に対する例外措置であることから、その適用についての解釈は厳格に行われるべきであることを前提とし*17、特定の商品に対する軽減税率適用に制限を加えることが中立原則に反しなければ、これを容認できるとした。そして、この中立原則について次のような判断を示した。
　「事業活動に対する中立原則は、類似の物品サービスを付加価値税において異なる取扱いをすることを禁じている。……この類似性の評価について、先例によれば、主として平均的な消費者の視点から考慮されなければならない。物品サービスが類似といえるのは、それらが

---

*15　Paras. 51, 52, 54.
*16　C-499/16.
*17　Para. 24.

類似の性質をもち、かつ、消費者にとって同じ必要を満たすときであり、異なる取扱いが平均的な消費者の購入時の選択に大きな影響を与える場合には、それらが比較可能かどうかについてテストされることになる。」[18]

したがって本件においても、ポーランド国内の平均的な消費者が菓子を購入する際に、賞味期限45日を基準として税率が変わることが商品選択の決定的要因になるかどうか、国内裁判所が審理を行うべきであるとした[19]。

次の裁判例は、付加価値税指令別表Ⅲの食料品以外の軽減税率適用可能項目について、税率の差異の合理性判断を行う際に、上記「AZ事件」で採用された「標準的消費者の視点」が用いられたものである。

◆「Phantasialand事件」(欧州司法裁判所2021年9月9日判決)[20]

【事実の概要】
ドイツのP社は、テーマパークを運営している。ドイツ売上税法によれば、公園で行われるサーカス等の興行には軽減税率が適用されることから（ドイツ売上税法12条2項7号ｄ）、P社も自社が運営するテーマパークの入場料に軽減税率を適用できると考え、その旨の申請を行った。その判断根拠は、移動式の興行には軽減税率が適用されるのに、P社のテーマパークのような固定式の興行には標準税率が適用されるのは、中立原則に反するというものである。

しかしながら、所轄税務署はこれを認めなかったため、P社は国内裁判所に提訴した。国内裁判所は、付加価値税指令別表Ⅲでアミューズメントパークを含む娯楽施設等によるサービス提供には軽減税率適用可としていて、そのアミューズメントパークを固定式と移動式とで区別していないにもかかわらず、ドイツ売上税法で固定式の場合にだけ標準税率を適用することは認められるかどうか、欧州司法裁判所の解釈を求めて付託した。

[18] Para. 32.
[19] Para. 32.
[20] C-406/20.

【裁判所の判断】

　欧州司法裁判所は、軽減税率適用においては中立原則を旨とし、加盟国は付加価値税指令別表Ⅲの各項目の該当判断をより慎重に行わなければならないとした上で[*21]、次のような判断を示した。

　「付加価値税指令別表Ⅲの『アミューズメントパーク』の定義は、付加価値税指令にも付加価値税指令施行規則にもないが、その概念は、EU法の自律的な概念として、EU域内で統一的に解釈されなければならない。……

　したがって、第一に、その概念は通常の用語の意味によって解釈されなくてはならず、第二に、軽減税率適用は特別措置であるのだから、厳格に解釈されなくてはならない。」[*22]

　別表Ⅲが、通常の用語としては期間限定的な「フェア」とさまざまな遊具が常設されている「アミューズメントパーク」を軽減税率適用可能項目としていることから、加盟国は移動式の興行に軽減税率、固定式の興行に標準税率を適用することはできるとした上で、次のように中立原則の検討を行った。

　「［筆者注：競合する物品サービスには同じ課税がなされなければならないという原則の下で］当該物品サービスが類似かどうかは、典型的な消費者の視点から判断されなければならない。消費者の視点から、両者が同じ性質と用途をもつとき、そして両者の違いが平均的な消費者の意思決定に重要な影響を与えないときに、両者は類似といえるのである。……

　［筆者注：テーマパークとフェアの違いの判断は、究極的には国内裁判所の責務ではあるが］テーマパークに行くか、フェアに行くかを決める消費者にとって、後者は期間限定であるという事実は、重要な要素ないし決定的な要素といえるであろう[*23]。」[*24]

　そしてこの「平均的な消費者の視点」については、国内裁判所自身の見識によって判断すべきではあるが、「国内裁判所がその判断において大きな困難に直面するときには、国内法の関係法令に従い、専門家の意見を求めることを共同体法は禁ずるものではない。」[*25]

[*21] Para. 25.
[*22] Paras. 29-30.
[*23] このほかにも欧州司法裁判所は、アミューズメントパークと比較したフェアの特色として、後者は一般に地域の伝統や文化に根づいていることも挙げている。
[*24] Paras. 38, 43.
[*25] Para. 47.

現行付加価値税指令別表Ⅲ(6)では、書籍、新聞および定期刊行出版物は紙媒体であるかデジタル配信であるかを問わず軽減税率適用可能項目としている。しかしながら、紙媒体は軽減税率、デジタル配信版は標準税率とされていた時期の裁判例をみていく。

◆「RPO事件」(欧州司法裁判所2017年3月7日判決)[26]

【事実の概要】
　ポーランドの2004年物品サービス税法により、紙媒体の出版物には軽減税率、デジタル配信出版物には標準税率が適用されていた。このような異なる取扱いを問題視したポーランド平等権委員会(PRO)は、これは憲法違反であるとして国内憲法裁判所に提訴した。
　同裁判所は、出版物に対する適用税率の解釈について欧州司法裁判所の解釈を求めて付託した。

【裁判所の判断】
　欧州司法裁判所は、課税における公平原則を「客観的に正当化される根拠がないかぎり、比較可能な状況は異なる取扱いがなされてはならず、異なる状況は同様な扱いがされてはならないことをいう」[27]とした上で、「比較可能な状況」とは、次のような場合であるとした。
　「状況が比較可能かどうかの要素は、問題となる諸規定の趣旨、当該諸規定によって達成しようとする目的によって判断されなければならない。……
　1992年付加価値税指令では、紙媒体の書籍（printed books）の販売のみに軽減税率の適用を認めていたところ、2009年改定前の付加価値税指令では、『完全に物理的方法でサポートされる書籍（books on all physical means of support）』[28]にまで軽減税率適用が拡大された[29]。
　書籍販売に対する軽減税率適用の目的は、文学であれ、ノンフィクションであれ、新聞であれ、雑誌であれ、読書を促すためである。
　したがって、物理的方法でサポートされる書籍にも軽減税率適用を

---

[26] C-390/15.
[27] Para. 41.
[28] 書籍内容をデジタル化したCD版書籍などをいう。
[29] この時点では、紙媒体の書籍だけでなく、CDにインストールされて販売される書籍や物品として販売される電子書籍にも軽減税率適用が拡大されていた。

拡大することにより、付加価値税指令はこの目的を達成しようとしたのである。

　このことは、『完全にまたは主として広告宣伝のための印刷物』への軽減税率適用を排除していることからも明らかである。そのような印刷物は、上記目的を促すものとはいえない。

　したがって、上記目的を達成するためにEU市民が書籍内容に実際にアクセスできることが重要であり、書籍の販売方法は決定的な役割をもつものではない。」[30]

　以上の考え方を踏まえ、本件が同様の状況に異なる取扱いをしているかどうかについて、次のような判断を示した。

　「付加価値税指令98条2項およびこれにかかる付加価値税指令別表Ⅲ(6)[31]は、完全に物理的方法でサポートされる書籍には軽減税率が適用されるのに、デジタル配信される電子書籍には軽減税率の適用を認めないという効果をもつという意味において、これらの規定は、EUが立法によって達成しようとする目的において比較可能な二つの状況に異なる取扱いをしているものとみなさなければならない。」[32]

　次に欧州司法裁判所は、同様の状況に異なる取扱いがなされていても、それが十分に正当化できるときには公平原則違反は認められないとして[33]、正当な理由の存否について、次のような判断を示した。

　「EUの立法機関がある租税措置を講じるとき、政治的・経済的・社会的選択が求められ、利害対立が生じ、さまざまな評価がなされる。したがって、立法には広範な裁量権が認められ、司法審査は明白な過誤にのみ限定されなければならない。……

　デジタル配信サービスに対する課税に関する付加価値税指令改定は、域内市場の適正な商取引を促進するために、付加価値税システムを簡素化・強化する新たな付加価値税政策実施の第一歩である。実際に、改定のための提案書によれば、電子商取引はEUに富と雇用をもたらす絶大な潜在力である。

　当裁判所での理事会と欧州委員会に対する聴聞によれば、付加価値税指令98条2項がデジタル配信書籍を軽減税率から除外しているのは、電子商取引に対する特別の課税制度の構築段階であるからだという。実際に、閣僚理事会と欧州委員会の説明によって明らかにされたのは、デジタル配信サービスに明確で簡素で統一された課税ルールが

---

[30]　Paras. 42, 45-48.
[31]　現在のものではなく、「完全に物理的にサポートされる書籍」に限り軽減税率適用を認めていた、現行指令改正前のものをいう。
[32]　Para. 51.
[33]　Para. 52.

必要だということである。すなわち、デジタル配信サービスに対する軽減税率適用が確実に実施されること、納税者と課税当局双方にとって運用しやすいことが求められるからである。

　このような目的が法的に許容されることは、合理的であり、疑いの余地がない。

　付加価値税指令98条2項および別表Ⅲ(6)がこの目的遂行にとって適切かどうかについて、EUの立法機関がその立法裁量を超えたものということはできない。」[*34]

　以上を踏まえ、欧州司法裁判所は以下の結論を示した。

「EUの立法機関は、その裁量権限の範囲で、[筆者注：デジタル配信書籍に軽減税率を適用する、またはすべてのデジタルサービスに対して軽減税率を適用するという]理論的に考え得る二つの方法のいずれについても、諸目的を達成するのに適切ではないという見解に至ったのである。……

　したがって、付加価値税指令98条2項および別表Ⅲ(6)により、デジタル配信書籍と完全に物理的方法でサポートされる書籍とが異なる扱いをされていることは、十分に正当化される。」[*35]

　軽減税率の適用が明確に正当化されない例として、ドイツの宿泊サービスに対する軽減税率適用がある。外国人観光客を自国内に呼び込む政策によるとしても、なぜ宿泊サービスだけなのか（観光バスサービスは標準税率）、宿泊客を奪い合う他国と国境を接していない地域にも適用があることに合理性があるのか、そもそもこの軽減税率適用は逆進性緩和の目的と整合しないのではないかといった疑問が生じる。

＜ドイツの例＞　宿泊サービスに対する軽減税率

　ドイツ売上税法は、2009年改正で下記の規定を新設し、宿泊サービスに対して軽減税率（7％）を適用することとなった。

---

*34　Paras. 56-58, 61.
*35　Paras. 68, 70.

> ◆ドイツ売上税法12条２項11号１文
> 　事業者が他者の短期間の宿泊のために用意する滞在宿泊設備の賃貸およびキャンプ施設の賃貸［には軽減税率を適用する］。

　この規定の新設の背景には、国境を接するオーストリアやスイスのホテル業界との競争を有利にしたいバイエルン州のホテル業界のロビー活動があった。

　これに対しては、特定業界のロビー活動によるものであること、他国と国境を接しない州（ヘッセン州など）にも適用されること、宿泊以外のサービス（朝食など）と税率を区分しなければならないこと、観光客のホテル滞在に対して逆進性緩和の考慮は不要であることなどの批判がある。

　ドイツの宿泊サービスに対する軽減税率は、軽減税率適用項目選定にあたって業界のロビー活動の影響が大きいこと、そしてひとたび法律となれば廃止はほぼ不可能であることから[36]、軽減税率の悪しき例として批判されることが多い。

　ただし、批判が多いにもかかわらず、付加価値税指令別表Ⅲ(12)に、軽減税率適用可能項目として挙げられている。

4　軽減税率をめぐる論点の整理

　EU域内で実際に生じた事例および裁判例を踏まえ、軽減税率をめぐって以下の論点を指摘することができる。

　第一に、軽減税率適用項目の最も典型的な食料品については、「食事の提供」との区別基準を明確にする必要がある。食事提供のための設備（テーブルや食器）や人的サービス（給仕など）の有無が、決定的な区別基準になる[37]。したがって、ベンチのある公園での移動販

---

[36] 業界相手に議会で廃止提案ができる議員はほぼ皆無であろう。また、軽減税率を享受する観光客・宿泊客にとっては、既得権の喪失となるであろう。

Ⅰ／税率構造　155

売車による軽食販売は、購入者に格別の設備もサービスも提供しないのであれば、軽減税率適用となるであろう。

　第二に、法令や通達の変更により標準税率が軽減税率に変更となったり、またその逆になったりするときには混乱が生じる。とくに前者の場合、すでに顧客に税額転嫁をしていても税額還付が生じるからである。その際、「**Marks & Spencer事件**」の判決で示されたように、競業関係にある同じ状況の事業者間の中立だけでなく、競業関係にはないが同じ状況の事業者間の公平を考慮しなければならないであろう。還付を受ける事業者には二重利得が生じるが、税額を転嫁された最終消費者には過大負担分の払戻しがなされないという理不尽な結果が生じることについては、事業者と消費者との間の不当利得返還請求の問題と考えるしかないであろうか。

　第三に、適用税率の判断にあたっては中立原則の考慮が重要である。そして「**AZ事件**」や「**Phantasialand事件**」の両判決で示されたように、中立原則に反するかどうかは「平均的な消費者の視点」、すなわち、税率の違いが標準的な消費者の購買意思に影響を与えるかどうかの視点で判断されるべきであろう。

　第四に、軽減税率適用の可否は、まず通常の用語例によって解釈されることになる。それでも判断が付かないときには、軽減税率適用は原則ルールである標準税率適用の例外ないし特別措置として、厳格解釈されることになる。さらに、それでも判断がつかないときに、欧州司法裁判所の判決によれば、専門家に諮問することもあり得るが、事業者にとっても課税当局にとっても、時間と費用のコストをかけることになってしまう。

　第五に、同じ状況に異なる取扱いがなされることは、中立原則により認められないことを原則としつつ、同じ状況での異なる取扱いを正当化できる十分な根拠がある場合には、容認される余地があるという

＊37　この意味では、日本ではいわゆるデリバリーサービスにも軽減税率が適用されるのは合理的とはいえない。食料品提供に「調理と運搬」という人的サービスが加わっているからである。

のが「RPO事件」の判決の示すところである。このようなことは、経済のグローバル化とデジタル化に伴い、これまでの伝統的なビジネスと類似の新たなビジネスが抵触するときに起こり得る問題である。日本は、紙媒体の新聞は軽減税率、電子版の新聞は標準税率が適用されるが、報道内容が購読者にどのように届くかではなく、購読者が同じ内容にアクセスできるかの観点から考えるべきであろう。

5 複数税率構造の下での制度のあり方

(1) 税率構造をめぐる諸原則

　付加価値税制度に複数税率構造[*38]を組み入れる場合、まずはその前提として、「比例原則」が考慮されなければならない。すなわち、消費課税によりもたらされ得る逆進性の軽減手法として、軽減税率が唯一かつ最良の方法か、あるいはその他の手法があるのかが検討されなければならない。

　軽減税率導入（EU、2019年10月1日以降の日本など）が、唯一かつ最良の方法とはいえないであろう。他の選択肢として、所得税還付の手法（カナダなど）、および社会保障手当による補填（ニュージーランドなど）も考えられる。

　しかしながら、国の政策として軽減税率の手法を選択した場合には、軽減税率適用項目の選定に際して、「中立原則」の考慮が不可欠である。すなわち、特定の商品に軽減税率を適用することによる消費者の購買意思への影響、そして同一市場における事業者間の競争の阻害への考慮である。この中立原則の下では、特定の事業者または業界にとっての優遇税制になってはならないことはいうまでもない。

　軽減税率適用項目が選定され、それが法律となったあとは、原則ルー

[*38] 複数税率構造を考えるときに、奢侈品に対する過重税率も考えられるが、EU域内の付加価値税がこれを採用していないこと、および日本の消費税が物品税からの転換だったことを考慮し、本書では検討対象外とする。

Ⅰ／税率構造　157

ルである標準税率の例外ないし特別措置である軽減税率適用の可否の解釈は、厳格に行われなければならない。

(2) 軽減税率に対するOECDの評価

OECDは、2014年に軽減税率の効果に関する共同調査研究成果を公表した[*39]。

この調査は、食料品、薬品、子ども用衣服類、ガス、電気、上水、書籍、新聞・雑誌、映画・観劇等、文化施設、外食、喫茶、宿泊、航空機の各サービスに対する軽減税率適用の効果を行っている[*40]。その結果として、以下の点が指摘されている[*41]。

① 食料、上水および光熱に対する軽減税率適用は、一定の再分配効果がある。しかし、高所得者層との比較からみると、むしろ高所得者層が低所得者層と同レベルか、またはそれ以上の恩恵を受けている。

② 文化・娯楽活動に対する軽減税率適用は、高額所得者の方が恩恵を受けている。とくに、外食と宿泊に対する軽減税率適用は、高額所得者の恩恵が圧倒的に多い。ただし、書籍や観劇等に対する高額所得者の恩恵は、外食や宿泊ほどではない。

③ ただし、上記①と②の結果の過大評価による軽減税率廃止への流れには留意しなければならない。とはいえ、多くの国で種々の軽減税率適用項目が採用されていることについて、慎重かつ個別の再検討が求められる。

④ 軽減税率採用の主たる理由は富の再分配であるが、この調査研究の結果は、単一税率への移行論議の理論的基礎になるであろう。とくに課税当局にとっての課税効率性と、事業者にとってのコンプラ

---

*39 [OECD, Korea Institute of Public Finance 2014] Chapter 3. この調査は2014年と、やや古いものではあるが、現在でも単一税率を維持している韓国の研究機関との共同研究であることは興味深い。

*40 調査は、軽減税率を採用しているOECD加盟国中の20か国を調査対象とし、収入金額と支出金額のそれぞれについて、軽減税率適用の効果を検証している。

*41 [OECD, Korea Institute of Public Finance 2014] 68-70.

イアンスコストの低減を考えれば、単一税率への移行は議論されてしかるべきである。
⑤　低所得者へのより良い富の再分配は、もっと直接的な方法、例えば低所得者の所得額に応じた現金支給により、実現できるであろう。

II　脱税問題

1　脱税の現状

　EU域内の付加価値税の脱税額に関する公式データは存在しない。しかしながら、本来得られるべき付加価値税収と実際に収納できた付加価値税収との差額─いわゆる「VATギャップ」─の調査データは欧州委員会によって公表されている[42]（以下「2023年欧州委員会調査」という）。
　VATギャップは、軽減税率などの制度によって不可避的に生じるもの（制度ギャップ）と、脱税や租税回避など事業者のコンプライアンス違反によって生じるもの（コンプライアンスギャップ）がある。VATギャップのすべてが脱税額ではないが、脱税額が大きな割合を占めていると考えられる。その意味では、VATギャップの数値は脱税状況を知る手がかりになる。図表5－2はEU加盟国の最新の域内VATギャップである。

---

[42]　[the European Commission 2023]

■図表5－2　EU域内のVATギャップ（2021年）

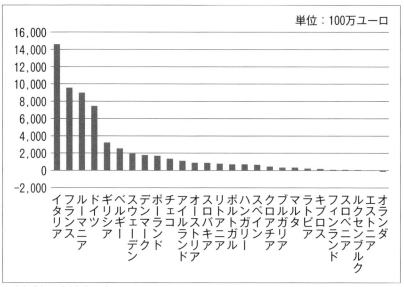

（出典）　欧州委員会
https://taxation-customs.ec.europa.eu/taxation-1/value-added-tax-vat/vat-gap_en

　2021年の域内全体のVATギャップは約606億ユーロで、本来得られた付加価値税収の約5.3％に当たる。最も高いのはイタリアの146億ユーロであり、フランス（95億5,200万ユーロ）、ルーマニア（89億9,600万ユーロ）、ドイツ（74億6,000万ユーロ）が続く。最も低いのはオランダ（マイナス1億4,600万ユーロ）[43]、続いてエストニア（4,000万ユーロ）、ルクセンブルク（7,000万ユーロ）である。

2　VATギャップへの対応

　VATギャップは、単純な計算ミスや企業倒産からも生じるが、その大半は脱税による。昨今の脱税スキームの手口の電子化、高額化お

＊43　マイナスとなっている理由は不明。

よび組織犯罪化に対して、EUだけでなくOECDも危機感を募らせている。

　欧州刑事警察機構（Europol）の試算によれば、EU加盟国の中には、二酸化炭素排出権取引金額の90％が付加価値税の脱税にからんでいるものもあると指摘される。このような脱税スキームは、エネルギー市場には不公正をもたらし、国家財政には税収ロスをもたらすだけでなく、組織的犯罪集団の関与によってマネー・ロンダリングの温床にもなっている。OECDが依拠する試算によれば、2014年のEU域内でのVATギャップは1,590億ユーロ（全付加価値税収の14.06％）、2013年から2014年までの英国のVATギャップは131億英ポンド（全付加価値税収の11.1％）、同期間のオーストラリアの付加価値税（物品サービス税）ギャップは27億豪ドル（全付加価値税収の11.1％）とされる[*44]。

　OECDは、当座の措置として、「リバースチャージ方式」の有用性を認める一方で、付加価値税（消費税）領域での国家間の協力が不可欠であることを強調する。国家間の税務協力についてOECDは、その加盟国とEU加盟国との連携による「税務における行政協力に関するOECD協定」（1988年）を発展させ、2011年に「税務に関する相互協力に関するOECD協定（OECD Convention on Mutual Administrative Assistance in Tax Matters、2011年6月1日施行、以下「本協定」という）」が署名された[*45]。

　本協定の前文は、次のように記されている。

　「EU加盟国とOECD加盟国は、物・人・サービス・資本の越境移動―それ自体は有益なものではある―が、租税回避や脱税の可能性を高め、それゆえ各国税務当局間のさらなる協力が必要となっているこ

[*44] このデータによれば、EU域内でVATギャップが少ないのは、スウェーデン（1.24％）やルクセンブルク（3.80％）、逆に多いのはルーマニア（37.89％）やリトアニア（35.94％）である。

[*45] 対象となる税目は、付加価値税のほか、所得税、法人税、相続・贈与税、資本収益税、不動産関連税、自動車関連税、関税と多岐にわたる。この協定について日本は、2011年11月3日に署名、2013年6月28日に批准、2015年10月1日より施行している。

とに鑑み、本協定に署名をするものである。……あらゆる領域の税務において、あらゆる方法の行政協力をするために、各国間で協調していかなければならない一方で、同時に、納税者の権利も適切に保護されなければならない。すべての人には適正な法的手続に従って決定される権利と義務があるという基本原則は、すべての国の税務にも当てはまるものであり、加盟国は、納税者に不公平な取扱いや二重課税が生じないように、彼らの正当な利益を守らなければならない。したがって各国は、情報の秘密保持を考慮し、プライバシーと個人データの保護に関する国際的な取決めに従い、情報の精査と提供を行わなければならない。」

　本協定が定める情報交換は、「要請にもとづく情報交換」(本協定5条)、「自動的情報交換」(本協定6条)、「自発的情報交換」(本協定7条)、「同時的情報交換」[*46](本協定8条)および「海外調査」(本協定9条)を主軸としている。

　本協定前文でも強調されているとおり、この情報交換の課題は、国境を越えて他国に提供される納税者の個人情報の保護である。そのために本協定は、「要請国の法と行政実務によって納税者に保障される権利と救済を遵守しなければならない」(本協定21条1項)とする。

　租税回避の場合と異なり、脱税にかかる調査の場合には、組織犯罪捜査との関連で進められることもあり、人権と個人情報をどのように保障するかが問題となる。そこで協定は、要請を受けた締約国は、営業上、製造上、職業上の秘密を公表するような情報提供をしてはならず(本協定21条2項d)、提供された情報は、その評価を行う者または当局(裁判所または諮問機関を含む)のみが閲覧することができるとする(本協定22条2項)。その上で、提供された税務情報を他の目的(例えば犯罪捜査)で利用する場合については、他の目的使用について提供側の締約国でそれが認められており、かつ、当該締約国の権限ある当局がそれを認めている場合に、その利用が認められる。さら

＊46　ある国から要請により、複数の国が協力して調査に当たることをいう。

に、提供国から要請国に提供された情報は、提供国の権限ある当局の承認を条件に、要請国から第三の締約国に提供することができる（本協定22条4項）。

このように、調査対象者の人権および経済的利益を尊重し、情報保有国の主権に配慮しつつ、国境を越えて行われる脱税とそれに関連する組織犯罪などに対して、締約国が連携して速やかに対応できる仕組みの基本が形成された[*47]。2011年には両組織加盟国以外の国にも門戸を開き、2016年6月現在、ロシア、中国、シンガポール、リヒテンシュタインを含む97か国が署名をしている。

「脱税の軽減」を「VATギャップ（とくにコンプライアンス・ギャップ）の改善」としてみていくと、「2023年欧州委員会調査」からいくつかの示唆を得ることができる。

EU域内でのVATギャップは、2017年は約1,460億ユーロ（本来得られるはずであった税収に占める割合が11.9％）であったのが、2021年には約610億ユーロ（同割合が5.3％）と改善がみられる。

改善の要因の一つは、経済の好調である。域内の脱税スキームが組織犯罪化傾向にある中で[*48]、このような反社会的組織は経済状況が悪い時に暗躍する傾向にある。

もう一つの改善の要因は、税務行政の改革、とくに税務行政の電子化である[*49]。ルーマニアは2013年から2021年の期間の得られるべき税収に占めるVATギャップの割合が33.2％から39.7％と域内で最悪のレベルであった。しかし2022年にルーマニア政府は、付加価値税税務調査のための新システムを導入し、事業者の規模に応じて順次報告義務を課すことにより、改善傾向がみられる[*50]。

[*47] 複数国間の情報提供では、使用言語と費用もまた大きな問題である。
[*48] 確かに、前掲図表5－2によれば、VATギャップの金額が大きい国は組織犯罪の拠点または活動場所になっている国が多い。
[*49] 「デジタル国家」と呼ばれるエストニアのVATギャップが極少なのはその例である。
[*50] [the European Commission 2023] 16.

Ⅱ／脱税問題　163

3 脱税スキーム

(1) 典型的な脱税スキーム

「物・人・サービス・資本の自由移動」が保障された域内市場で、物品やサービスは容易に国境を越える。これによって出現した付加価値税の脱税スキームが、いわゆる「カルーセル・スキーム」である。

■図表5-3 カルーセル・スキーム（域内物品取引の例）

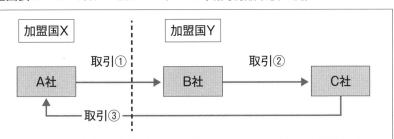

取引①：域内譲渡は還付付き非課税取引なのでA社に納税義務なし。BtoB域内取引なので納税義務はB社にあるが、B社はY国に申告納税せず。
取引②：B社は納税しないまま速やかにC社に販売（国内取引）。B社はインボイスに税額を表示し、これによってC社は仕入税額控除を行うが、B社はC社から受領した税額を納税しないまま消滅する（B社は「ミッシングトレーダー」と呼ばれる）。
取引③：C社はA社に販売。域内譲渡なのでC社に納税義務なし。域内取得の納税義務者A社は、申告納税をすることなく、速やかに再びB社に販売。
　以下、社名を変えながら同じ取引が回転木馬（カルーセル）のように繰り返される。X国にもY国にも納税がされないが、X国ではA社による域内譲渡時の還付、Y国ではC社による仕入税額控除が行われる。A社とB社は通謀しており、仕入税額控除から得た利益を分配する。C社の違法性認識は明確ではなく、場合によっては善意の取引者の場合もある。
（筆者作成）

この脱税スキームによるEU域内全体の損害額について公式発表はないが、500億ユーロにのぼるともいわれている[*51]。これを封ずる対策は、現在に至ってもなお見いだせない状況である。このスキームは取引のスピードが鍵であることから、これに対する対策も即時対応が求められる。そこで2018年の付加価値税指令の一部改定時に、次の規定が挿入された。

> **付加価値税指令199b条1項**
> 　加盟国は、193条[*52]の規定にかかわらず、緊急を要するときに限って本条2項および3項の要件[*53]に従い、特定の物品およびサービスの提供の受領者を付加価値税の納税義務者とすることができる。この「緊急対応メカニズム（QRM）」は、甚大かつ回復不可能な財政損失に至るような、突然かつ深刻な脱税に対応する場合に認められる。

　この規定により、甚大な損害をもたらす場合には、緊急措置として物品サービスの受領者に納税義務を転換（リバースチャージ）することができる[*54]。

　納税義務が転換される事業者について、「**Kittel事件**」（欧州司法裁判所2006年7月6日判決）[*55]でも示されたように、取引の違法性の認識がなかっただけでは足りず、事業者として果たすべき注意義務を果たしてもなお違法性を知り得なかったときにのみ、仕入税額控除が認められる。一連の脱税スキームに関わったというだけで仕入税額控除が否認されるわけではないが、納税義務が転換される事業者の責任に

---

*51　[van Doesum 2020] 943.
*52　指令193条は、付加価値税の納税義務者を物品サービスの提供者とする原則を定めている。
*53　指令199b条2項および3項によれば、緊急対応メカニズムを希望する加盟国は所定の申請書を欧州委員会と他の加盟国へ提出しなければならず、欧州委員会側では審査の結果として申請を認めない場合には、これを申請書提出から1か月以内に申請国に通知しなければならない。
*54　図表5-3の例でいえば、取引②についてC社に納税義務を課すことができる。
*55　C439/04. 本書第3章Ⅰ参照。

ついては、「Kittel事件」後の判決においても言及されている。

◆「Maks Pen事件」（欧州司法裁判所2014年２月13日判決）*56

【事実の概要】
　事務用品等の卸売業を営むブルガリア法人のＭ社は、2007年から2009年にかけて行った仕入れについて、受領したインボイス記載内容に沿って仕入税額控除を行った。しかしながら税務当局は、７通のインボイスについて記載の取引実体が不明であるとし、仕入税額控除を否認した。
　これに対してＭ社は、国内裁判所での取消訴訟において、インボイスとともに契約書類や銀行の振込記録を提出し、さらに仕入先も当該取引について納税している旨を主張した。しかしながら課税当局は、インボイスの日付や価格に疑わしい点があること、仕入先業者についてその実在が確認できないことから、当該仕入はインボイス記載の事業者から行われていないと反論した。
　国内裁判所は、インボイス記載の事業者が事業に必要な人材、設備および資産を有さず、対価を表示した書類に署名した者の実在が疑われるなどの不備がある場合、仕入税額控除による利益獲得を目的とした脱税があったとみなすことができるかどうかについて、欧州司法裁判所の解釈を求めて付託した。

【裁判所の判断】
　裁判所は、付加価値税制度において仕入税額控除は必須要素であり、仕入税額控除を行う事業者自身が脱税行為に関わっていることを知っていたか、あるいはそれを知るべきであったという客観的証拠なくして否認されないとした上で*57、以下のような判断を示した。
　「取引は行われたが、インボイス記載の販売業者またはその下請業者から実際に行われていないことが明らかな場合、とくに、販売事業者として必要な人材、設備または資産を有せず、その取引にかかる費用の記帳もなく、販売事業者として署名している者の実在が確認できないために、取引が当該事業者によって実際には行われていないことが明らかな場合には、そのような事実が課税当局の示す客観的証拠によって詐欺行為であると認定され、かつ、［筆者注：控除を求める］

*56　C-18/13.
*57　Paras. 24, 28.

> 事業者が詐欺行為に関連していると知っていたかまたは知るべき立場にあったという2要件を充足するときに、当該事業者の当該取引にかかるインボイス記載の税額控除は認められないと解するべきである。」[*58]

(2) 脱税スキームの進化

これまでカルーセル・スキームの対象は物品、とくに容易に国境を往来できる高価で軽量な物品(携帯電話など)が利用されていた。しかしながら最近では、物品でなく、サービスの越境取引を悪用したスキームが散見される。

例えば、2016年のドイツの報道によれば、二酸化炭素排出権の取引による付加価値税の脱税行為により、関与した銀行員に有罪判決が下された[*59]。

その報道によれば、ドイツ銀行は2008年から二酸化炭素排出権取引業務を行っていたが、同銀行に勤務する被告らは、仲介者を通して海外から二酸化炭素排出権取引証を買い取ってドイツ国内にもち込んだ上で、国際的な犯罪グループと共謀してこれをドイツ国内で転売し、付加価値税の申告納税は行わず、仕入税額控除だけ行って再び国外に売却した[*60]。

本来、地球温暖化対策として導入された二酸化炭素排出権取引が、付加価値税の脱税スキームに利用されているわけである。同様の手口の共通項は、大きな犯罪組織が関与していること、および高額な権利取引をきわめて短期間に行うことである。

[*58] Para. 32.
[*59] ドイツの経済誌Manager Magazin2016年6月13日付の記事参照。
[*60] この事件の脱税額は、約8億5,000万ユーロと報道されている。脱税額は、関係者の違法所得になるだけでなく、犯罪組織やテロ組織の資金源にもなっている。

4 付加価値税の脱税をめぐるEUと各加盟国の関係

(1) tax fraud か、tax evasion か

「付加価値税の脱税」は、EU域内では一般に"(value added) tax fraud"と呼ばれることが多いが、"(value added) tax evasion"と表現されることもある。

後者（tax evasion）は、税務当局に対して所得や情報を秘匿することによって、本来負担するべき税額の全部または一部を納付しないことをいう。そして前者（tax fraud）は、後者の行為が刑法により可罰性を有するものをいう[*61]。

域内の付加価値税脱税スキームの典型である「カルーセル・スキーム」は、各加盟国において刑事罰の対象となるのが一般的であるから、このスキームは、tax fraudの1類型と位置付けられる。

ここで問題になるのが、付加価値税の脱税が可罰行為であるというときに、主権国家である各加盟国の国内法としての刑法を越えた刑罰が可能かどうかである。

この問題について、欧州司法裁判所の解釈をみていく。

◆「Taricco事件」（欧州司法裁判所2015年9月8日判決）[*62]

【事実の概要】
　イタリアの居住者Tら7名は、共謀して付加価値税の脱税スキームを仕組んだ。まず、フランスからのシャンパン購入に際してイタリア国内に複数のペーパー会社を設立し、それら会社宛てにインボイスが交付された。それらの会社は、付加価値税の申告納税をせず、しかしインボイスを使って仕入税額控除を行った。これにより得た利益をT

[*61] https://ec.europa.eu/taxation_customs/fight-against-tax-fraud-tax-evasion/missing-part （2024.3.3閲覧）。
[*62] C-105/14.

らで分配した。イタリア法によれば、この種の犯罪の懲役刑の上限は原則として6年であった。他方、EU機能条約325条は、EUの財政上の利益に影響を及ぼす詐欺行為または違法行為に対して、各加盟国政府がこのような行為を抑止するための効果的な措置をとることを義務付けている。

イタリアの国内裁判所は、本件のような付加価値税の脱税行為に対して、国内法の上限を越えて刑罰を科すことができるかどうか、欧州司法裁判所の解釈を求めて付託した。

【裁判所の判断】
「国内法で刑罰の上限が定められている場合、付加価値税の脱税という深刻な犯罪について、国内法により例外的に本来の刑期の4分の1の期間の延長ができるとしても、当該国内法がEUの財政上の利益に影響を及ぼす多数の深刻な脱税に対する効果的かつ抑止的な刑罰となっていない場合には、EU機能条約325条による加盟国政府の義務の履行に従って、当該国内法とは異なる刑罰を課さなくてはならない。」[63]

この判決によれば、付加価値税の脱税は単なる個人の犯罪行為を越えて、EUとその加盟国の財政を脅かす重大犯罪であるとともに、市場の競争中立をも脅かす重大な経済犯罪である。したがって、その処罰は厳しくなされるべきであり、EU機能条約325条を根拠に、国内法の上限を越えた刑罰も認められるとした。

(2) EU財政との関係

EU域内での付加価値税脱税スキームに対し、EU機能条約325条を根拠に、これを可罰行為として厳しく対応しているのは、加盟各国の税収確保のためだけではなく、EU組織自体の財政にとっても付加価値税収は重要だからである。

すなわち、EUの独自財源は、①各国に割り当てられた関税からの収入、②各国に割り当てられた付加価値税からの収入、③各国に割り

---

[63] Para. 58.

当てられた所得税からの収入、④各加盟国のリサイクルされないプラスチック容器量を基礎に計算される分担金*64による。③が主要財源となっているが、②の各加盟国の付加価値税課税標準に0.3％を乗じた分担金も重要な財源である*65。

5　脱税への対策

　カルーセル・スキームを典型とする、悪質かつ被害も巨額な脱税に対するEU各機関（EUの行政機関である欧州委員会、立法機関である欧州議会など）の取組みを概観する。その取組みの中核は、制度の簡素化と税務調査の電子化であり、この取組みの考え方はEU独自のものではなく、付加価値税（消費税）を基幹税とするすべての国に当てはまるものである。

　EU域内における付加価値税脱税対策の始点となったのは、欧州委員会の「2016年付加価値税行動計画」*66（以下「欧州委員会行動計画」という）および欧州議会の「2016年最終付加価値制度と付加価値税脱税への対応に関する欧州議会報告書」*67（以下「欧州議会報告書」という）である。これらの資料により、EU域内での付加価値税脱税へのさまざまな手法をみていく。

(1)　現行付加価値税制度と最終付加価値税制度

　1993年以降の「物・人・サービス・資本の自由移動」により、域内市場は一応完成されたとされるが、現行付加価値税制度は暫定制度で

---

*64　2021年に導入されたもので、プラスチック容器1kgにつき0.80ユーロで計算される。
*65　EUの財源につき、https://www.consilium.europa.eu/en/policies/financing-the-eu-budget/（2024.3.3閲覧）。現在、EUでは環境とグローバルビジネスに着目した新たな財源を検討している。具体的には、排出権取引にかかる分担金、グローバル企業の売上高にかかる分担金などである。新たな財源の提案につき、2023年6月の欧州委員会資料（COM（2023）330 final）参照。
*66　The European Commission, Action Plan on VAT, COM（2016）148 final. このコミュニケ資料には、「単一EU付加価値税に向けて」という副題が付されている。
*67　The European Parliament, Report on Towards a Definitive VAT System and Fighting VAT Fraud, 2016/2033（INI）.

あり、最終的に目指しているのは域内統一付加価値税（a single VAT system）である。

これについて、EU機能条約は次のように定めている。

> **EU機能条約113条**
> 理事会[*68]は、特別な立法手続に従い、かつ、欧州議会および社会経済委員会の意見を経たのち、売上税、関税およびその他の間接税の協調（harmonization）に関する諸規定を承認しなければならない。ただし、その協調は、域内市場の確立と機能を確保し、競争阻害を回避するための限度において認められる。

ここでいう「（付加価値税の）協調」とは、域内共通ルールにもとづく現行付加価値税制度をさらに進めて、最終制度としての域内統一付加価値税制度を想定している。

「欧州委員会行動計画」では、その冒頭で次のように述べている。

「この行動計画は、統一EU付加価値税を構築するための筋道を示すものである。……統一付加価値税制度は、欧州の単一市場にとっての中核要素である。」[*69]

この「欧州委員会行動計画」を受けて、「欧州議会報告書」はその末尾の解説において、統一付加価値税制度への移行についてさらに具体的に記している。

「1993年以降の域内付加価値税は、暫定措置として構成されたもの

[*68] EUの主要機関は、欧州議会（the European Parliament）、欧州連合理事会（the Council, 立法・政策決定機関）、欧州委員会（the Commission, 行政機関）である。これを補佐する委員会として経済社会委員会（the Economic and Social Committee）などがある。EU機関の機能につき、［庄司　2013］45-80頁。同書では欧州委員会を「コミッション」としている。

[*69] European Commission (fn.66), 1.

である。目指されているのは、『加盟国間の取引』が最終制度に置き換わることであり、その最終制度は、物品およびサービスの原産地課税主義にもとづくものである。……［筆者注：しかしながら］全加盟国一致のルールが付加価値税制度改革の障害になっている。……

　欧州委員会は、『深くはびこった問題を除去し、脱税に対抗し、欧州のビジネス環境を簡素化するべく手続にかかる負担や費用を削減するために必要な改革には、政治の指導力が不可欠である』と述べてきた。それは、複雑な制度が加盟国における納税協力の確保を難しくしているということである。

　［筆者注：この簡素化目標を達成するために欧州委員会は］EUと域外諸国との協力が必要であると提案してきた。しかし、欧州会計検査院の指摘のとおり、各国税務当局間の行政協力の手段が十分活用されていない。ユーロフィスク（Eurofisc）[70]のネットワークも十分ではない。」[71]

　2016年時点での欧州委員会と欧州議会の付加価値税の脱税対応は、第一に制度の簡素化（究極の目標は域内統一付加価値税の創設）および加盟国政府間の取引情報と税務情報の交換である。

　しかしながら、域内統一付加価値税の創設は、EUの全会一致原則がその実現を阻んでいる。これには、付加価値税の脱税の損害がさほど大きくない加盟国にとっては、付加価値税制度の自由度を継続したい思惑がある。また加盟国政府間の情報交換システムは構築されているものの、まだ十分機能していない現状がある。

(2) **欧州委員会行動計画**

　2016年4月に公表された「欧州委員会行動計画」は、デジタル経済への対応、中小企業対策およびVATギャップへの対応を喫緊の課題と位置付けている。これらの課題解消のために求められるのは、付加

---

[70]　ユーロフィスクについては、下記(3)でみていく。
[71]　European Parliament (fn.67), Explanatory Statement参照。

価値税ルールの簡素化と現代化である。

まず簡素化については、とくにデジタルサービス取引に対する付加価値税の課税ルールと申告納税手続の簡素化である。デジタルサービス取引は消費地国で課税するという消費地課税原則を基本とし、申告納税手続については事業者が課税事業者登録をしている国で行うワンストップショップ方式の適用である。この簡素化は、中小事業者が越境取引やデジタル取引にも積極的に参入できるように、とくに中小事業者にとって課税ルールと申告納税手続の簡素化が求められる。

次に現代化については、ますます組織化かつ巧妙化する付加価値税の脱税問題[*72]に対して、デジタル技術にもとづくネットワークを駆使して対応しなければならない。EU域内では、この機能を果たすネットワークがユーロフィスクである[*73]。

欧州委員会は、「欧州委員会行動計画」の上記原則を踏まえ、具体的な脱税対策の20項目を掲げている[*74]。

<政府間の協力>
① VATギャップの継続的測定の実施
② 税務当局による事業者の取引情報への自動アクセスの実現
③ ユーロフィスクの機能強化
④ 加盟国政府間の共同税務調査の導入
⑤ 行政機関同士の連携による円滑な情報交換
⑥ 税務行政のデジタル経済への対応
⑦ 滞納税額についての共助の促進
⑧ EU域外の国の税務当局との協力

---

*72 付加価値税の脱税問題は、欧州での付加価値税導入当初から、とくに製造業で散見されていた。1967年の「第1指令」と「第2指令」が1977年に「第6指令」へ改定されたのは、仕入税額控除制度を悪用した脱税に対応することが大きな理由の一つであった。Werner Widmann, Mitteilung der Europäischen Kommission vom 7.4.2016 über einen Aktionsplan-Auf dem Weg zu einem einheitlichen europäischen Mehrwertsteuerraum: Zeit für Reformen, Umsatzsteuer Rundschau 2006, pp.506-507.
*73 設立の根拠法は、理事会規則（OJ L268 of 12 October 2010）である。
*74 European Commission, 20 Measure to Tackle the VAT Gap (2016).

⑨　OECDやIMFなど国際組織との連携
＜徴税コストの軽減＞
⑩　加盟国の税務当局トップによる戦略会議の開催
⑪　加盟国間の税務行政能力差の解消
⑫　税務職員の能力向上
⑬　税務行政に関する知識や経験の加盟国間の共有
⑭　徴税に関する調査方法についての加盟国間の共有
⑮　加盟国相互の訪問による税務行政現場のモニタリング
⑯　加盟国相互の税務行政の技術支援
＜コンプライアンスの向上＞
⑰　事業者と税務当局との相互理解構築
⑱　脱税撲滅など、具体的なプロジェクトの後援
⑲　行政罰の功罪などコンプライアンス向上のための研究
⑳　市民や企業の納税意識向上のための租税教育の実施

(3) 政府間情報ネットワーク「ユーロフィスク」

　欧州議会報告書で言及されている、加盟国政府情報ネットワーク「ユーロフィスク（Eurofisc）」は、越境取引を利用した脱税行為に対応するために2010年に始動した[75]。

　付加価値税の情報交換システムとしては、すでにVIES（VAT Information Exchange System）がある[76]。ただしこれは、域内の事業者の課税事業者番号に紐付けされた取引データの集積システムであって、各加盟国政府が脱税情報を把握するためのものではない。このVIESはデータベースではなく、各加盟国が保有する付加価値税情報にもとづく検索エンジンであり、課税事業者番号を有する事業者もこれを利用することができる。すなわち、取引相手の実在確認のため、その相手の課税事業者番号を入力し、その番号が「有効（valid）」か「無効（invalid）」であるかを確認することができる。

---

[75] 2024年4月現在、加盟27か国に加え、ノルウェーが参加している。
[76] VIESについては、本書第3章Ⅲ参照。

これに対してユーロフィスクは、越境取引における脱税行為に的をしぼって、各加盟国政府の付加価値税情報を集約し、分析し、そして共有するネットワークシステムである。カルーセル・スキームに代表される、越境取引にかかる脱税行為が察知されたとき、ただちにその情報を関係加盟国間で交換するという意味で、有用な仕組みである。
　しかしながら、欧州議会報告書でも指摘されているとおり、各加盟国政府から収集された付加価値税情報自体は適切に交換されたとしても、それを的確に分析する手法が確立していない。収集して交換された情報の正確かつ迅速な分析が課題といえる。
　このように、いまだ開発途上のネットワークシステムではあるが、域内の越境取引で生じる脱税スキームへの有効な対応策と位置付けられていることから、システム改善が図られている。
　2010年に始動したユーロフィスクは、2017年に欧州刑事警察機構（Europol）および欧州不正対策局（OLAF）と連携し、プラットフォームを介して情報共有をすることとなった[77]。
　2019年には、情報交換の迅速化と関係加盟国の共同分析の高度化のための改善が行われた[78]。具体的には、取引ネットワーク分析ツール（TNA）が導入され、当局が疑わしい取引を発見するスピードが向上されることとなった。

(4) 緊急対応メカニズム

　本来の納税義務者である物品サービスの提供事業者が脱税の意図をもって納税義務を果たさない場合に、その受領事業者に納税義務を転換するリバースチャージ方式もまた、脱税スキーム対応として有用である。
　EU域内では、とくに建設業界において、転嫁して受領した付加価

---

[77] 欧州不正対策局2017年12月6日付ニュース参照。https://anti-fraud.ec.europa.eu/media-corner/news/new-eurofisc-features-reinforce-exchange-information-between-tax-authorities-olaf-and-europol-2017-12-06_en （2024.4.4閲覧）。
[78] 欧州委員会2019年5月15日付プレスリリース参照。

値税を申告納税しないケースが散見されてきた[*79]。そこで付加価値税指令は、「加盟国は、付加価値税の納税義務者を以下の取引の受領側事業者として定めることができる」(指令199条)とし、その対象となる取引として、建設サービス、建設に従事するスタッフの派遣、課税選択[*80]をされた不動産販売、リサイクル廃品等の販売などである(指令199条1項a～g)。加盟国がこの方式を選択できるような仕組みを設けている。

　このような立法対応にもかかわらず、付加価値税の脱税スキームは組織犯罪化やスピード化が著しい。そのため、域内付加価値税の共通化から統一化が目指されているにもかかわらず、各加盟国がそれぞれに直面する付加価値税の脱税問題に対応すべく、それぞれの加盟国の状況に合わせた緊急対応が求められるようになった。そこで2013年に付加価値税指令の一部改定が行われ、「緊急対応メカニズム(QRM)」が導入された[*81]。

　この緊急対応メカニズムは、深刻な脱税問題に直面した加盟国の単独措置を認めるものであり、域内統一付加価値税を目指す目標とは合致しない。しかしながら、付加価値税指令は第13編「特例(derogations)」の部分で、次のような規定を置いている。

付加価値税指令395条1項
　欧州理事会は、欧州委員会の提案にもとづいて全会一致により、付加価値税徴収手続の簡素化、または特定の脱税・租税回避の防止のために、加盟国が本指令と異なる特別措置を導入することを認めることができる。

[*79] 筆者が2011年3月にハンブルク商工会議所でヒアリングした際に、売上税(付加価値税)の担当者より、適正に申告納税をしない事業者が多い業界として建設業(とくに個人経営の大工業)を示された。
[*80] 不動産の販売は、原則として非課税であるが、金融取引および不動産取引について、納税義務者の選択により課税取引とすることができる(いわゆる「オプション制度」、指令137条)。
[*81] この「緊急対応メカニズム」の根拠規定と内容については本章ですでに検討したとおりである。

> 　付加価値税徴収手続の簡素化のために導入される措置は、些少な場合は除き、加盟国において最終消費段階で徴収される税収総額に影響を与えてはならない。

　付加価値税脱税への対策としてのリバースチャージ方式の適用は、付加価値税制度の域内統合という前提の下では、厳格な要件が付される。しかしながら、このような前提の考慮が必要ない場合、受領事業者に納税義務を転換することは有効な方法の一つとなろう。受領事業者が脱税スキームに関与している場合、あるいは関与しないまでも注意義務を欠いている場合、仕入税額控除による利益を享受すべきでなく、むしろ、提供事業者の納税義務に対して責任を負うべきである。

(5) 脱税対策に関する最近の研究

　EU域内の付加価値税脱税問題を踏まえ、注目すべき最近の研究を概観する[82]。

　付加価値税が欧州に導入されてからの半世紀を総括した論文集[83]において、その編者であり、かつ脱税問題の章を執筆したvan Brederode教授（ユトレヒト大学）は、次の措置を提案する[84]。

　第一の措置は、現行制度ではサービスのBtoB越境取引に適用されているリバースチャージ方式を、BtoB越境取引全般に拡大適用することである。

　納税義務は受領事業者に転換され、その受領事業者の仕入税額を控除するため、納税額は実質的にゼロとなる。他方、受領側が課税事業者でない場合、あるいは受領事業者が最終消費者である場合にはリバースチャージ方式の適用はない。したがって、BtoB越境取引に対する課税は小売税（sales tax）に近いものとなる。

---

*82　[van Brederode 2021] 199-205.
*83　[van Brederode 2021]
*84　van Brederode教授は、原産地国で課税をした上で関係国で精算する方法、越境取引に対する付加価値税計算を認定ソフトウエアで行わせる方法、源泉徴収をする方法など種々の方法を提示しているが、これらの方法の問題点も指摘している。

第二の措置は、BtoB越境取引に限って、「輸出免税・輸入免税」とするものである。これは、付加価値税の深刻な脱税スキームがBtoB越境取引から生じていることを考慮している。したがって、BtoC取引またはBtoG取引（事業者・政府間取引）については、「輸出免税・輸入課税」の原則が維持される。

　これら二つの提案は、事業者間の共謀によって発生する付加価値税脱税の低減、および一般の（すなわち悪意のない）事業者のコンプライアンスコストの軽減に資するものである。しかしながら、第一の提言「リバースチャージの拡大」は、多段階課税としての付加価値税が部分的に単段階の小売税へ変異するものである。また、第二の提言「輸出免税・輸入免税」は、これまでの越境取引の課税原則である仕向地原則を変更するものである。深刻な脱税への対応として、現行の付加価値税制度の変更がどこまで許容されるか、しかも全会一致原則のEUの仕組みの中でその変更は実現できるのかどうかが課題である。

III　コンプライアンスコスト

1　コンプライアンスコストに注目する背景

　消費課税の主たる課税根拠は財政目的であるとする考え方は、しばしば批判にさらされる[85]。ドイツ連邦財政裁判所がその判決の中で「売上税を含む取引税の多くは、国家に収入をもたらす以上の意味をもたない」と述べたが（ドイツ連邦財政裁判所1972年11月8日判決）[86]、これに対しては、「なぜ財政目的税として消費税が選択され

---

[85] 消費税の課税根拠は一般に、「消費能力に対する課税」あるいは「消費活動から生じる外部費用に対する負担である」と説明される。
[86] BStBl. II 1973, 94.

たのかという問いの答えになっていない」という批判がなされている[87]。

しかしながら、相対的に付加価値税収の依存度が高いEU域内だけでなく、OECD加盟国の中で国税としての付加価値税をもたない合衆国以外、いずれの国家においても付加価値税（物品サービス税）は、国家財政にとって重要な基幹税である。実際、これまで国家財政を原油に依存してきた中東のサウジアラビアやアラブ首長国連邦も、将来的な財政基盤の強化のために2018年に付加価値税を導入している[88]。

図表5－4は、EU加盟国および英国の2021年の付加価値税収を示したものである。例えば、最も税収の大きいドイツ（2,593億ユーロ）の付加価値税収は、同年の税収総額（8,334億ユーロ）の31％を占める[89]。

付加価値税の財政上の重要性を考えるときに、その申告納税において、納税義務者である事業者にとっても、課税主権者である政府にとっても、最小限のコストで済むこと、すなわち「効率的な付加価値税（efficient VAT）」の実現は、重要な目標である。

本書では、事業者にとっての「コンプライアンスコスト」、そして政府にとっての「徴税コスト」を総称して「コスト等」と呼ぶこととする。

「効率的な付加価値税」を検討して構築していく際に、信頼できるデータが不可欠であるところ、次のような困難に直面する。

第一に、金銭コストは算出可能であっても、費やした時間や心理的負担をどのように金銭換算するかという問題がある。

第二に、インボイス作成や申告書作成に直接的に負担するコストとは別に、タックスプランニングのためのコンサルティング料など間接的に負担するコストをどのように考えるかという問題がある。

---

[87] Wolfam Reiß, in: Tipke/Lang. Steuerrecht（19.Aufl. 2008）, 539.
[88] 納税義務者の視点からみた世界の課税事情および納税環境に関する世界銀行とPwCとの共同調査について、World Bank Group & PwC, *Paying Taxes 2020*（2020）参照。
[89] ドイツ関連の統計情報は、連邦統計局のデータによる。https://www.destatis.de/DE/Home/_inhalt.html（2024.7.7.閲覧）。

■図表5-4　EU加盟国および英国の付加価値税収（2021年）[*90]

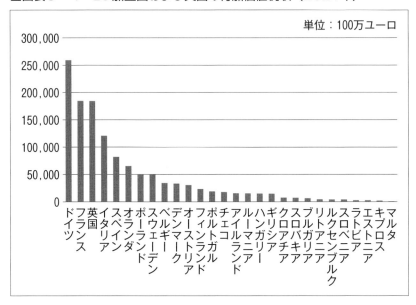

　第三に、消費課税にかかるコスト等の算定をする場合、他の税目（例えば法人税や所得税、あるいは地方住民税など）と共通してかかるコストをどのように配分するかという問題がある。

　第四に、「コンプライアンス」は通常、「法令遵守」と理解される。しかしながら、事業者に求めるのは法令遵守だけでよいのか、事業者がその事業のステークホルダーから求められる社会的・道義的責任も含まれるのではないかという問題である。

　このような困難を前提としつつ、EU域内では欧州委員会主導でコスト等の調査研究が継続的に行われている。本書では、2022年欧州委員会が公表した中小事業者のコンプライアンスコストに関する最終報告書（以下「欧州委員会報告書」という）[*91]を参考に、「効率的な付加価値税」構築実現の手がかりを、コンプライアンスコストの視点か

[*90]　ドイツ・ハンブルクに本社を置く統計データ会社Statistaが2023年に作成したデータ　https://www.statista.com/statistics/1175857/vat-tax-revenues-eu/（2024.7.7.閲覧）をもとに、筆者が加工した。

180　第5章／個別問題

ら考察する[*92]。

2 コンプライアンスコストの範囲

　2010年代に発表された複数の研究によれば[*93]、付加価値税はビジネスに対する税（付加価値税・賃金所得税・法人税・資産税・地方税）の中で最も手間がかかり、コンプライアンスコストの高い税とされる。

　コンプライアンスコストの範囲については、「申告納税のための情報収集等の作業にかかる業務コスト」、「申告納税について専門家に委託するためのコスト」、「納税事務を行うために付随的にかかるコスト（ソフトウエアの購入や交通通信費用など）」を含むことに異論はない。しかしながら、コンプライアンスコストに含まれるかどうかで問題となるのは、「心理的負担」および「事業者の裁量で生じるコスト」（例えば、タックスプランニングにかかる費用）である。

---

*91 European Commission, *Tax compliance costs for SMEs: An update and a complement Final Report*（2022）. この2022年最終報告書は、欧州委員会からKPMGらに委託された調査研究である。これは、2018年最終報告書（European Commission, *Study on tax compliance costs for SMEs: Final Report*）から4年を経た継続調査研究である。

*92 コンプライアンスコストに関する最近の研究としてChris Evans & Richard Krever, Counting the Costs of VAT Compliance, in: [van Brederode 2021] 125. 同書は、欧州付加価値税が導入50年目の節目に、欧州の研究者や実務家だけでなく、付加価値税を有する各国の研究者がその検証を行っている。オーストラリアではコンプライアンスコストの研究が活発であり、同書6章では、Chris Evans教授（ニューサウスウェールズ大学）とRichard Krever教授（西オーストラリア大学）がコンプライアンスコストについて論じている。欧州付加価値税が「伝統的付加価値税（traditional VAT」と呼ばれるのに対して、オーストラリア（2000年導入）、ニュージーランド（1986年導入）、カナダ（1991年導入）などの国々の物品サービス税（GST）は、「現代的付加価値税（modern VAT）」と呼ばれる。これらの国々は、複雑で非効率な伝統的付加価値税の問題分析を積極的に行っている。簡素で効率的な仕組みとして評価の高いニュージーランドのGSTについては、同書18章のDavid White, The New Zealand Broad-Based, Uniform-Rate GST: Virtue or Fallacy? 参照。なお、同書19章では、日本の消費税について増井良啓教授（東京大学）が執筆している。

*93 1935年のRobert Haigのコンプライアンスコスト研究を嚆矢とする研究群についてはEvans & Krever (fn.92), §6.01の脚注記載の各文献参照。

「心理的負担」については、金額換算が難しいことと、個人差があることから、一般にはコンプライアンスコストには含まれない[*94]。他方、「事業者の裁量で生じるコスト」については、不可避的に発生するコストではないものの、納税者に裁量があるということは、法令がそのような複数の選択肢を設定していることによって追加的コストが生じているのだから、一般にはコンプライアンスコストに含めることが容認される。

　付加価値税のコンプライアンスコストは、複数税率や非課税といった政策的配慮によって複雑化した仕組みによって高まる。しかしながら、政策的配慮による仕組みによって生じる利得（例えば、ある商品の売上げについては軽減税率での課税となるが、その仕入れについては標準税率で仕入税額控除を行うときに事業者に生じる利得など）を想定すると、コストが利得によって相殺されることもあり得る。政策的配慮から生じるコストをコンプライアンスコストと位置付けるのか、一定の政策を実現するための対価とするのかは議論の余地がある[*95]。

　以上のように、付加価値税のコンプライアンスコストは、正確な金銭換算以前に、その範囲の確定すら難しい。それでもなお、コンプライアンスコストの把握なくして、「効率的な付加価値税」のためにどのような仕組みが必要なのかを考えることはできない。

[*94] とはいえ、事業者の心理負担は定型的に特徴付けることも可能である（例えば、高齢零細事業者にとっては申告納税事務が重荷であることなど）。したがって心理的負担については、数字データとしての把握（量的調査）ではなく、個別インタビューによる手法（質的調査）で顕在化させることが必要である。

[*95] 事業者が負担するコンプライアンスコストを販売価格に転嫁し、結果的には最終消費者負担となる議論もあり得よう。しかし本書では、事業者にかかるコンプライアンスコストを事業者本人が負担するにせよ、顧客に負担を転嫁するにせよコンプライアンスコストが事業者のもとで生じていることのみに焦点を当てることとする。

3　1970年代から2010年代までのコンプライアンスコスト研究

　付加価値税のコンプライアンスコスト研究は、1970年代から1990年代にかけては欧州を中心に行われていた。しかしながら、その後の研究の中心は、いわゆる「現代的付加価値税」を有するカナダやオーストラリアに移っている。

　1970年代からおよそ半世紀の研究から抽出されるおおまかな結論は、以下のとおりである[*96]。

　第一に、付加価値税およびその他事業者にかかる税（法人税、賃金所得税）のコンプライアンスコストは、相対的に高い。これらの税のコンプライアンスコストは、事業者の納税額の2％から10％程度と試算されている。

　第二に、コンプライアンスコストの総売上金額に占める割合は、企業規模に反比例する。とくに小規模事業者の固定費用がより重く、規模の大きい事業者に比べて申告業務の頻度が低いにもかかわらず、コストはより重い（いわゆる「学習曲線効果（learning curb effect）」がみられる）。また、仕入れの不可分性もコストを重くする要因であると指摘される（例えば、事業規模が半分だからといって、必要な1台のPCの半分を購入することはできない）。

　第三に、コンプライアンスコストを軽減しようとする国の努力にかかわらず、それは年々増加傾向にある。

4　「欧州委員会報告書」（2022年）

　2022年の「欧州委員会報告書」は、2018年の報告書内容を補完してバージョンアップしたものである。EU加盟27か国に英国（2020年12

[*96]　Evans & Krever (fn.92) 130-132.

月31日EU離脱）を加えた28か国の中小企業の税務にかかるコンプライアンスコストについて、量的調査（データ収集）と質的調査（個別面談）を行っている[97]。コンプライアンスコストの範囲、測定方法および調査範囲の選定などの難しさゆえに、完璧に正確な結果とはいえないかもしれない。しかしながら、推計値を通して、対象28か国のコンプライアンスコストの大枠を理解することができる。

　これら調査の目的は、EU域内の課税関連法令のコンプライアンスコストへの影響、とくに中小企業への影響を概観するというものである[98]。

　調査時の統計によれば、EU加盟国および英国の中小企業数は全企業数の99.8％、中小企業の従業員数は全従業員数の66.6％を占める[99]。また、これら地域の中小企業がビジネス関係の租税（法人税・付加価値税・賃金所得税・資産税および地方税）に関して負担するコンプライアンスコストの推計値は、約2,040億ユーロ（約32兆2,320億円[100]）である。中小企業は、大企業に比べて資金面でも人材面でも法令に従った申告納税を行うことが難しく、それゆえコンプライアンスコストがより重くのしかかるであろうという想定の下、中小企業のコンプライアンス環境の改善がEU域内全体の経済の底上げに繋がると考えている。

[97]　この欧州委員会報告書は、下記URLからアクセスできる。https://op.europa.eu/en/publication-detail/-/publication/70a486a9-b61d-11ec-b6f4-01aa75ed71a1/language-en（2023.8.8閲覧）。調査手法は、各種データ収集、コンピュータによるアンケート、各企業のデータベースにもとづく分析、企業幹部へのインタビューやグループ討論など多岐にわたる。
[98]　European Commission (fn.91), 6.
[99]　EU域内の中小企業の構造は、中小企業の定義は異なるものの、企業数割合や従業員数割合において、日本に類似している。
[100]　本書では、1ユーロ＝158円として計算する。

なお、EUにおける中小企業の定義は、本書第２章Ⅲ**1**のとおりである[101]。

本調査における付加価値税のコンプライアンスコストとは、企業内コスト（申告納税業務に費やした時間と担当者にかかるコスト）、および企業外コスト（外部委託にかかるコスト、その外部委託費が他の税目にも関連する場合には付加価値税関連相当分）をいう。また、その計算手法として標準コストモデル（Standard Cost Model）を用いる。これは、企業が負担するコストを金銭負担、時間負担および作業頻度から推計する手法である。

(1) 調査の概要（量的調査）

付加価値税のコンプライアンスコストは、超小規模企業が年額2,957ユーロ（約46万7,206円）、これに対して大規模企業が年額5,619ユーロ（約88万7,802円）である。コンプライアンスコスト総額に占める付加価値税のそれの割合は、超小規模企業で21％、これに対して大規模企業は17％である[102]。

【A】 電子申告の実施割合

コンプライアンスコストは、申告納税の電子化によって軽減されると一般に考えられている。「欧州委員会報告書」は、OECDが2021年に公表した、EU域内および英国（以下「調査対象地域」という）における付加価値税の電子申告実施率を引用している[103]。

---

[101] 中小企業の定義に関する欧州委員会資料として、Commission Recommendation of 6 May 2003 concerning the definition of micro, small and medium-sized enterprises, *OJ L 124.*
[102] 法人税については、超小規模企業企業で19％、大規模企業で17％と、付加価値税とほぼ同レベルである。
[103] European Commission (fn.91), 19.

Ⅲ／コンプライアンスコスト　185

■図表５－５　付加価値税の電子申告実施割合[104]

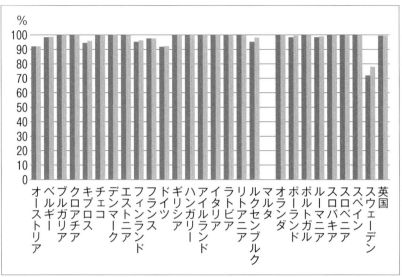

（注）　棒グラフの左側は2018年、右側は2019年分

　図表５－５からは、EU加盟国および英国では、電子申告普及率が全体として高いことがわかる。

　ドイツは[105]、売上税（付加価値税）の電子申告を義務付けていながら、相対的に実施割合が低いのは、電子申告が難しい事業者には、所轄税務署への届出により紙媒体での提出が認められることから、これを利用する事業者が少なくないと考えられる。

　スウェーデン（標準税率25％）の実施率が最も低いこと[106]、また、電子政府で知られるエストニアを中心とするラトビアおよびリトアニアという、新規加盟国のバルト３国の普及率が高いことも注目される。

---

*104　元データは、OECD, Tax Administration 2021: Comparative Information on OECD and Other Advanced and Emerging Economies (2021).
*105　ドイツ売上税法18条１項は、事業者に電子申告を義務付けている。ただし、電子申告が難しい場合には、所轄税務署への届出により、紙媒体での提出が認められる（同項２文）。
*106　その理由は不明である。

【B】 企業規模別コンプライアンスコストの総額と平均額

■図表5-6　企業規模別のコンプライアンスコスト総額[107]

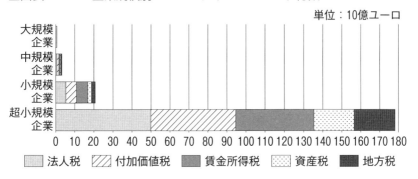

　超小規模企業数がきわめて多いのであるから、図表5-6の総額の大きさは当然であり、その総額が1,800億ユーロ（約28兆4,400億円）近くに上っている。超小規模企業のコンプライアンスコストの約75％は、法人税、付加価値税および賃金所得税にかかるものとなっている。

■図表5-7　企業規模別付加価値税コンプライアンスコスト平均額[108]

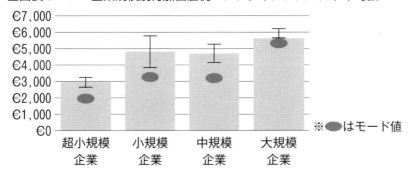

---

*107　European Commission (fn.91), 20の表に筆者が日本語を加筆した。
*108　European Commission (fn.91), 21の表に筆者が日本語を加筆した。表中の縦線は推計値の誤差範囲を表す。

図表5－7は、付加価値税にかかるコンプライアンスコストの企業規模別平均額である。超小規模企業は2,957ユーロ（約46万7,206円）、大企業は5,619ユーロ（約88万7,802円）であり、また、小規模事業者の平均が中規模企業のそれより高いなど、コンプライアンスコストが必ずしも企業規模に比例していないことがわかる。

【C】　外部委託割合
■図表5－8　付加価値税について外部委託をする割合[*109]

	超小規模企業	小規模企業	中規模企業
社内調達	26%	24%	33%
外部委託	74%	76%	67%

　図表5－8によれば、小規模企業の外部委託（全面的委託および部分的委託）割合は76%である。超小規模事業者はこれより少ないが、中規模企業より小規模企業の方が外部委託依存度は高い。

【D】　越境取引の影響
　図表5－9は、越境取引における付加価値税にかかるコンプライアンスコストを国内取引のそれと比較したものである。越境取引のコストは、小規模企業が相対的に大きく、超小規模企業の越境取引は少ない。中規模企業以上では、越境取引の対応ができているため、相対的にコスト負担が軽い。
　図表5－10は、越境取引で生じる負担の要因を示している。
　中小企業にとっての越境取引の負担は、自国外の法令（EUルールおよび相手国の国内法）への対応と、取引に伴って複数の関係部署との手続が不可避であることから生じている。
　EU域内には24言語の公用語があるが、言語の違いは、この調査結果をみるかぎり、さほど深刻ではない。

＊109　European Commission (fn.91), 24の表に筆者が日本語を加筆した。

■図表5−9　越境取引の付加価値税コンプライアンスコスト[110]

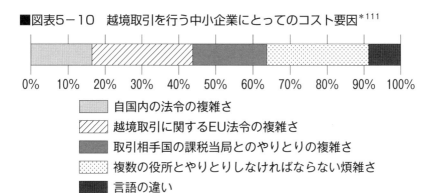

（注）　棒グラフの右側が越境取引、左側が国内取引

図表5−10は、越境取引で生じる負担の要因を示している。

■図表5−10　越境取引を行う中小企業にとってのコスト要因[111]

- 自国内の法令の複雑さ
- 越境取引に関するEU法令の複雑さ
- 取引相手国の課税当局とのやりとりの複雑さ
- 複数の役所とやりとりしなければならない煩雑さ
- 言語の違い

---

*110　European Commission (fn.91), 27の表に筆者が日本語を加筆した。表中の縦線は推計値の誤差範囲を表す。
*111　European Commission (fn.91), 28の表に筆者が日本語を加筆した。

【E】 コンプライアンスコストを高める要素

■図表5-11　調査対象地域の付加価値税コンプライアンスコスト平均額[*112]

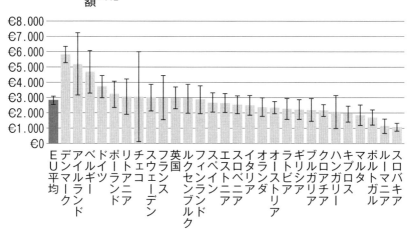

　図表5-11は、調査対象地域の付加価値税にかかるコンプライアンスコストの年間平均額である。28か国で唯一単一税率のデンマーク（税率25％）が最も高く、標準税率が最も高いハンガリー（税率27％）は低い方から6番目であり、このデータからは、税率とコンプライアンスコストの関係が顕著に表れていない。

　もっとも、各国間で物価の差異があることに加え、コンプライアンスに対する考え方も異なるという事情もあろう。

　図表5-12は、図表5-11と読み合わせてみると、頻繁な税務調査がコンプライアンスコストを引き上げるという仮説が必ずしも成り立たないことを示している。例えば、図表5-11でコンプライアンスコストが最も高いデンマークの税務調査の頻度はきわめて低く、コンプライアンスコストが最も低いスロバキアの頻度は、平均回数を上回る。その他の国のコンプライアンスコストと税務調査回数との関係をみて

[*112] European Commission（fn.91），33の表に筆者が日本語を加筆した。表中の縦線は推計値の誤差範囲を表す。

も、両者に顕著な相関関係はみられない。

　調査回数だけをみると、リトアニア、ハンガリー、チェコなどの新規加盟国の調査回数が多いことがわかる。

■図表５－12　３年間の税務調査平均回数[113]

国名	回数	国名	回数
オーストリア	0.14	イタリア	0.18
ベルギー	0.08	ラトビア	0.00
ブルガリア	0.23	リトアニア	1.22
クロアチア	0.45	ルクセンブルク	0.14
キプロス	0.10	マルタ	0.21
チェコ	0.81	オランダ	0.77
デンマーク	0.02	ポーランド	0.02
エストニア	0.27	ポルトガル	0.23
フィンランド	0.30	ルーマニア	0.17
フランス	0.34	スロバキア	0.59
ドイツ	0.34	スロベニア	0.78
ギリシア	0.23	スペイン	0.24
ハンガリー	0.88	スウェーデン	0.17
アイルランド	0.08	英国	0.08
		28か国平均	0.33

---

[113]　European Commission (fn.91), 29の表に筆者が日本語を加筆した。

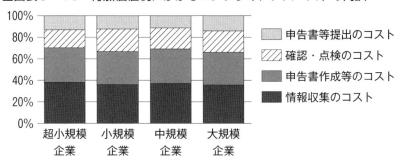

■図表5-13 付加価値税にかかるコンプライアンスコストの内訳[114]

　図表5-13によれば、いずれの企業規模においても、申告書作成とその準備としての情報収集に関してコストがかかっていることがわかる。

(2) 調査の概要（質的調査）

　「欧州委員会報告書」では、量的調査では顕在化しないコンプライアンスコストの実態を明らかにするため、企業に対する個別聞取り調査も行っている[115]。この質的調査では、聞取り対象の企業からは次の諸点が指摘されている。

　小規模企業にとって、越境取引にかかるコンプライアンスコストが重い負担になっているが、とくに越境取引に関するルール変更が頻繁な国との取引が負担になっている。

　小規模企業者にとって、越境取引における取引相手国での課税事業者登録が負担になっている。とくに申請から付与までの期間の長さに加え、現地語対応が課題である。現地語対応については、サポートを行っている加盟国はほとんどない[116]。

　国ごとに異なる課税事業者登録ルールや租税回避ルールは、小規模

---

*114　European Commission (fn.91), 27の表に著者が日本語を加筆した。
*115　質的調査の結果については、European Commission (fn.91), 54-58.
*116　例外的にポルトガルは言語サポートを行っているのに対して、スペインでは提出書類のスペイン語の翻訳を求めている。

事業者にとって負担である。

インボイス発行、申告納税手続および還付手続の電子化は有効である。しかし小規模企業にとっては、電子化に移行するために専門家サポートを必要とする場合、負担増となり得る。

コロナ禍での納税額軽減や納税申告猶予は、小規模事業者にとって救済となった反面、不慣れで複雑な手続により、追加的コストが生じた。

(3) 「欧州委員会報告書」の結論

「欧州委員会報告書」は、調査対象も限定的であり、そこに記された数値も推計値ではある。しかしながら、把握困難なコンプライアンスコストのデータ収集を継続的に行っている点が重要である。本報告書はサブタイトルに「最終報告書」と記されているが、継続調査が続けられる予定である。

今回の量的調査と質的調査を踏まえ、2022年の「欧州委員会報告書」は、次のようなコンプライアンスコスト軽減のための提言を行っている。これらの提言は、付加価値税を含むビジネスに関連したすべての税目にかかる提言であるが、本書では付加価値税に関連する提言を総括する[117]。

【提言1】申告納税の電子化の推進

まず、申告業務全般の電子化である。とくに越境取引においては、複数国での手続がコンプライアンスコストの増加要因となっている。付加価値税については、課税事業者登録と申告納税の窓口を一本化する、「ワンストップショップ」[118]が望ましい。

【提言2】コンプライアンスコストの継続調査の必要性

現時点でのデータでは、調査対象地域の税制度とコンプライアンス

---

[117] 報告書の総括につき、European Commission (fn.91), 133-135.
[118] ワンストップショップ制度については、本書第3章Ⅲ参照。

コストの関係については有意な結論を導くことができない。今後、調査対象を広げるなどの継続調査が必要となる。とくに税務調査が頻繁な国（チェコ、ハンガリー、オランダ、スロバキア、リトアニア等）のコンプライアンスコストへの影響については、追跡調査の必要がある。

【提言3】コロナ禍の特例措置のコンプライアンスコストへの影響
　コロナ禍において、各国政府は申告納税期間の延長など、さまざまな特別措置を講じてきた。しかしながら、そのような措置を受けるための情報収集のために、事業者に追加的負担が生じたことも考慮しなければならない。

5　コンプライアンスコストを高める要因と対応

　「欧州委員会報告書」とコンプライアンスコストの最近の研究を踏まえ[119]、コンプライアンスコストを高める要因とそれを除去し得る対応策を具体的に考えていかなければならない。
　コンプライアンスコストを高める最大の原因が、「関係法令や各種手続の複雑さ」であることに疑問の余地はない。
　付加価値税は本来、単純な構造のはずである。すなわち、課税売上げに対する税額と、課税仕入れに対する控除税額の計算の積み重ねだからである。しかしながら、消費課税により生じる弊害（逆進性など）に対する政策的配慮から導入された非課税措置や複数税率により、複雑な構造に変化してしまった。
　コンプライアンスコストを高めるこの最大の要因以外にも、次のような要因にも注目する必要がある。
　第一に、「法令変更の頻度」である。仮に新たに制定された法令が旧法令よりも簡素かつ明解であったとしても、法令変更に伴う負担（例

---

[119]　コンプライアンスコストの増加要因とその対処につきEvans & Krever (fn.92) 132-147.

えばシステム変更、新法令確認にかかる時間など）は、コンプライアンスコストを高める[120]。社会的合意を考慮しながらの小刻みな法令変更は、コンプライアンスコストを高める要因となり得る。

第二に、「選択肢の多さ」である。事業者の事務負担を考慮して選択的に導入している制度が、その選択をするかどうかについて事業者の判断に委ねるがゆえに、コンプライアンスコストを高める。小規模事業者を選択するかどうか、非課税取引についてオプション制度を選択するかどうか等の選択において、事業者が有利選択をすることになろう。そのため、選択にあたっての情報収集に追加コストをかけることになる[121]。

コンプライアンスコストを高める要因を考慮したときに、次のような対応が考えられるであろう。

【対応1】課税最低限売上高（いわゆる免税点）の再検討
　事業者の課税取引には本則課税を基本としつつ、免税点の最適レベルは、そこから得られる税収と、事業者のコンプライアンスコストおよび政府の徴税コストの合計金額との関係で設定されるべきである[122]。

【対応2】基準の明確化
　軽減税率や非課税の区分基準の明確化も重要である。あいまいな基準は、事業者の判断を迷わせ、課税当局との法的紛争を惹き起こす。とくに、「食料品」「教育」「医療品」といった区分基準が問題になりやすい分野において、それぞれの専門分野の法令の定義に従うこと、すなわち税法独自の定義を避けることは、効果的な対応である。

---

[120]　事業者の痛税感を緩和するための段階的税率引上げも、コンプライアンスコストの観点からは望ましくない。
[121]　仮に選択を誤って、より高い税負担が生じたとき、その損失はコンプライアンスコストとはいえないが、少なくとも心理的には負担となるであろう。
[122]　Evans & Krever (fn.92) 136.

【対応3】申告にかかる計算および手続の簡素化

　本来単純であるはずの付加価値税計算が、簡素化措置を設けることによって、かえって複雑になったり、実態と乖離したりすることも起こり得る[*123]。それゆえ、申告にかかる計算および手続の簡素化措置は、限定的にかつ効果的に選択される必要がある。

　限定的に選択して導入するときの条件は、例えば、頻繁になされる取引について経常的に納税者と課税当局間で紛争になっている場合、大多数の事業者（とくに中小事業者）が複雑かつ煩雑だと考えている場合などである。

　頻繁になされる取引が経常的に争いのもととなっている場合に関し、コンプライアンスコストに関する研究によれば、EU域内の「旅行代理業に対する特別措置」（指令306条～310条）によるマージン課税が有意とされる[*124]。このマージン課税の導入に至るまでにはさまざまな経緯があったが、欧州委員会の「フェアで簡素な付加価値税」政策のもとで、2021年に組み入れられた。

　大多数の事業者が複雑かつ煩雑だと考えている場合に関し、EU域内での課税事業者登録と申告納税義務の窓口を一本化する「ワンストップショップ制度」が有意であろう。

【対応4】申告納税の頻度

　「欧州委員会報告書」の調査結果からは、税務調査の頻度はコンプライアンスコストに大きな影響はなさそうである。しかし、申告納税の頻度は、コンプライアンスコストに影響を及ぼす可能性は否定できない。

　滞納税額の低減のためには、1年に1回の申告納税ではなく、頻度の高い申告納税の方がよいと考えられる[*125]。EU域内では、付加価値税申告書の提出期間が原則として「1か月、2か月または3か月」

[*123] 日本の簡易課税制度がその例といえよう。
[*124] Evans & Krever (fn.92), 140. 旅行代理業のマージン課税について、本書第2章Ⅱ参照。

である（指令252条2項）[126]。例えば、毎月申告の場合、事業者にとっては事務負担もそれに伴う費用負担も大きい。そこで、四半期ごとの申告納税が提唱される[127]。

　もっとも、申告納税の頻度については、申告納税手続の電子化の進捗に拠るところが大きい。

【対応5】デジタル技術の投入

　申告納税にかかるさまざまな業務（インボイス発行含む）の電子化は、とくに小規模事業者にとって効果は高く、中長期的にはコンプライアンスコストの低減に繋がる。

　デジタル技術の投入については、三つの段階が想定される。

　第一段階は、事業者自身の会計システムと申告納税システムが統合されていない状態のデジタル化である。この段階では、双方のシステム間で齟齬が生じたり、脱税スキームの余地を残したりする。

　第二段階は、事業者自身の会計システムと申告納税システムが統合されるものである。これにより、事業者（納税者）側のエラーが防げるだけでなく、課税当局側の税務調査の精度も高まる。

　第三段階は、統合されたシステムの下で、入力されたデータが即時に課税当局に送信されるシステム、いわゆる「リアルタイムシステム」の構築である。

　このうち第三段階は、日々大量に行われる課税対象取引を課税当局がリアルタイムで即時に把握できるという意味では、課税の透明化が実現される。他方、事業者にとっては、「取引が常に国の監視下に置かれる」という違和感ももち得る。リアルタイムで即時に伝達される情報について、事業者がこれを確認したり訂正したりする仕組みが整備されるべきである。

---

[125]　日本の消費税の滞納税額が多い理由として、申告納税期間が長いことが挙げられることが多い。
[126]　同項のただし書により、「1年を超えない期間を設定することもできる」。
[127]　Evans & Krever (fn.92), 143.

結びにかえて

　本書の目的は、日本の消費税の原点である欧州付加価値税の制度およびそこから生じる問題点とその対処手法を検討することである。なぜならば、それらの問題点は日本の消費税に共通するもの、あるいは将来生じ得るものであるからだ。その意味で、欧州付加価値税は日本の消費税のお手本であるとともに反面教師でもある。

　第1章では、1世紀以上に及ぶ欧州付加価値税の歴史的背景、および付加価値税制度を支える基本原則を中心に検討した。戦費調達目的で導入された税に内在する税額累積という深刻な問題は、仕入税額控除の仕組みによって克服していった。その過程は、導入当初から仕入税額控除が標準装備されていた日本にとって、仕入税額控除制度の重要性を再認識するものである。

　現在27か国で構成されるEUは、域内統一付加価値税を最終制度として目指しつつも、その実現は限りなく程遠い。そのため、共通ルール（付加価値税指令）によって各加盟国の国内法を近接させ、かつ、付加価値税指令の解釈を共有するために、欧州司法裁判所による解釈はきわめて重要である。

　それぞれ課税主権をもつ加盟国が、付加価値税指令の解釈を共有するためには、付加価値税指令の支柱となるべき原則が欠かせない。それが「中立原則（とくに事業活動中立原則）」、「仕向地原則／消費地課税原則」および「法の濫用禁止原則」である。

　これらの原則を基礎として、欧州付加価値税は進化し、日本を含む諸国がこれを参考にしながら消費課税制度を作り上げてきたわけであるが、欧州付加価値税には独自の制約があることを見逃してはならない。それは、現行制度が統一付加価値税という最終制度に至る前の暫定制度であることだ。そのため、付加価値税指令制定前から各加盟国が採用してきた仕組み（税率や軽減税率適用、非課税の範囲など）の

違いをある程度容認するための例外措置が多く設けられ、結果として、付加価値税指令は複雑な内容になっている。域内の標準税率が17％から27％と高く、かつ複雑なルールは、濫用行為を誘引しやすい。

　第２章では、欧州付加価値税における「事業」概念が、所得課税のそれより広範であることを確認した。付加価値税指令は、「事業者」を「あらゆる場所であらゆる経済活動を独立して行う者」と定義し、その形式ではなく、活動内容に着目する（指令９条１項）。

　これに対して日本の消費税法では、課税対象と納税義務者を確定するための中核概念である「事業者」について、「個人事業者および法人をいう」（同法２条１項４号）とし、「個人事業者」は「事業を行う個人をいう」（同項３号）と定義するのみである。それゆえ、消費税の納税義務者に該当するかどうかの判断において、所得税の事業所得と給与所得の区別基準に関する判例や、通達に依拠せざるを得ない。

　欧州付加価値税は、「事業者」に該当するかどうか、すなわち課税要件該当判断の入口のところでは広めの解釈をし、そしてその活動が「経済活動」に該当するかどうかを、その独立性、対価性および反復継続性によって判断している。これは、税額転嫁と仕入税額控除の両輪で駆動するメカニズムにおいて、「事業者」該当を厳しく制約することによるメカニズムの断絶を避けたものと考えられる。

　第３章では、消費課税制度の「必須要素（integral part）」である仕入税額控除について検討をした。欧州付加価値税における仕入税額控除は、事業者の「権利／請求権」として定められ、「完全かつ即時の控除（full and immediate deduction）」を原則とする。したがって、この請求権は原則として制約されてはならず、制約をする場合には明文規定を必要とする。さらに、請求権とすることで、その成立時期は明確に定められ、控除対象となる仕入取引が行われた時点が提供事業者側の課税時期となり、同時に受領事業者側の控除権成立時期となる。

　これに対して日本の消費税法では、仕入税額控除の性質が明確でない。少なくとも、それを請求権と解釈することは困難である。それゆえ、課税当局が仕入税額控除を否認する場合の基準が不明確であり、

結びにかえて　199

さらに、仕入税額の控除時期が当該仕入取引時点なのか、当該仕入取引の課税売上対応が明確になった時点なのか、その判断基準が定まらない。
　仕入税額控除が事業者の権利として位置付けられないことに関連して、事業者は控除対象仕入税額の判断を自ら行うことができず、場合によっては課税当局の承認を受けなくてはならない（いわゆる「課税売上割合に準ずる割合」の承認—消費税法30条3項2号）。仕入税額控除を事業者の請求権としている欧州付加価値税では、その権利行使を課税当局の承認に拠ることはなく、前年度実績あるいは見込額での控除額計算を行い、齟齬が生じたときは事後修正をするというように、事業者の自主判断と責任に委ねている。
　非課税により生じる仕入税額控除の遮断は、日本の消費税と欧州付加価値税共通のジレンマである。これに対して付加価値税指令は、オプション制度、付加価値税グループ制度およびコストシェアリング制度と、さまざまな対応策を講じている。しかしながら、これらの制度の効果は限定的であり、かえって租税回避スキームの温床となっている。このように、消費課税における非課税は、永遠に消費課税のアキレス腱となり続ける。
　欧州付加価値税のインボイスは、形式要件とされる。実体要件は、現実に課税仕入れが行われていることである。インボイス必須記載事項の中でも課税事業者番号はその中核事項である。この番号により、取引当事者の実在および取引内容の詳細を把握することができる。その意味で、日本の適格請求書発行事業者番号では不十分であり、将来的には課税事業者番号制度への移行が不可欠であろう。
　第4章では、ビジネスのグローバル化・デジタル化が急激に進む中での消費課税の対応を考察した。基本的に地続きの欧州において、物品の越境取引からサービスの越境取引へ、そしてデジタルコンテンツの越境取引へと時代が進む中で、かつ、域内の統一付加価値税制度移行がほぼ不可能な状況で、「仕向地原則」ないし「消費地課税原則」を進めていく過程を概観した。この領域では原則と例外が交錯し、ま

た、「固定施設（FE）」概念の導入、リバースチャージ方式、三角取引課税など、消費課税の基本的仕組みの変更を伴う制度が加わり、ルールがますます複雑化している。制度の複雑化は、とくに中小事業者の負担を増やし、また、脱税スキームの余地を広げている。

島国の日本は、物・人・サービス・資本の自由な越境はないとはいえ、海外事業者と国内事業者が結託して輸出免税を利用した還付金詐取などの問題が出始めている。

第5章では、日本の消費税が今や国税収入の一番の稼ぎ手であることを前提とし、消費税が将来的に安定的財源となるための鍵となる主要項目（税率構造・脱税問題・コンプライアンスコスト）について、欧州付加価値税の経験と対応を検討した。

まず税率構造について、欧州付加価値税の軽減税率適用項目は広範に及ぶ。軽減税率の目的は逆進性軽減であったにもかかわらず、必ずしもその目的には拠らない項目もみられる（例えば、ホテル宿泊サービス、芸術品販売など）。昨今では、その範囲が環境政策上の配慮にまで及んでいる（ソーラパネルの設置など）。

軽減税率はいったん導入されれば、その範囲が拡大していくことは明らかである。また、軽減税率を獲得することは関係業界にとって「社会に有用なもの」というお墨付きとなることから（いわゆる「タグ効果」）、業界のロビー活動を誘引しやすい。さらに、「Marks & Spencer事件」でみたように、標準税率か軽減税率かをめぐる裁判闘争の末に事業者が還付金を得たとしても、税を負担した消費者に払い戻されることはない。

次に脱税について、すでに日本でも越境取引における輸出免税に関して脱税問題が顕著になっている。税率が高いほど、ルールが複雑であるほど脱税を誘引しやすいことを念頭に、その対策には関係国の効果的かつ互恵的な情報交換しかない。取引に即時に対応した税務行政の電子化による効果は、すでにEU域内で実証されている。

最後に、コンプライアンスコストについて、基幹税としての消費税の重要性を考えるとき、申告納税を担う事業者にとってコストのかか

らない税でなくてはならない。日々大量に行われる取引を課税対象とする以上、「効率的な消費税（efficient VAT）」であることが求められる。コストとしては国の徴税コストも考慮しなければならないが、本書では、事業者のコンプライアンスコストについて検討した。

コンプライアンスコストの測定に際しては、金銭負担だけでなく心理負担や時間費消を含めるかどうか、申告業務だけでなく節税のための費用も含めるのかどうかといった、コンプライアンスコストの範囲の問題に直面する。しかも「コンプライアンス」の定義自体、法令遵守にとどまらず、事業のステークホルダーから求められる社会的責任も含めるかどうかの問題もある。

このような測定以前の問題がありながらも、欧州委員会は2018年に続き、2022年にコンプライアンスコストに関する報告書を公表している。その中で、量的調査に心理的負担は含めないものの、質的調査においてそれが顕在化するように考慮されている。

欧州委員会のこの継続的な調査からは、「関係法令や各種手続の複雑さ」がコンプライアンスコストを引き上げるという、想定どおりの結果が出された。しかしこれをさらにみていくと、複雑な法令や手続自体が原因となるだけでなく、法令変更が頻繁であったり、事業者に複数の選択肢があったりすることがコンプライアンスコストを高めることが明らかとなった。そうであれば、税率引上げの痛税感を和らげるための小刻みな段階的引上げや、コロナ禍などの緊急事態に対応するための選択的特別措置は、事業者のコンプライアンスコストを高める要因となり得る。

少額不追及を理由とする課税最低限売上高（いわゆる免税点）の設定について、小規模事業者から得られる税収と、事業者および政府のコストの合計額との見合いによって設定されるべきであるとの主張もある。

索　引

<五十音順>

あ

按分控除……………………………87
域内遠距離販売……………………111
違法取引……………………………55
インボイス……………………86、102
インボイスの必須記載事項………104
越境取引………………30、114、188
欧州委員会行動計画………………172
欧州委員会報告書…………180、183
欧州司法裁判所……………………6
欧州司法裁判所の管轄……………9
オプション制度…………24、37、93
オルガンシャフト……………79、97

か

外部委託割合………………………188
学習曲線効果………………………183
隠れた付加価値税……………65、93
課税最低限売上高…………………70
課税対象……………………………44
課税適状……………………………77
カルーセル・スキーム………81、164
簡易インボイス……………………108
簡易修正……………………………135
完全かつ即時の控除………………76
完全控除……………………………78

緊急対応メカニズム………165、175
軽減税率……………………………140
経済活動……………………………44
形式要件……………………………107
原産地原則……………………28、121
現代的付加価値税…………………181
原本真正性…………………………135
効果・便益ルール…………………33
控除権………………………………77
効率的な付加価値税………………179
コストシェアリング制度…………99
固定的施設……………………118、123
コンプライアンスギャップ………159
コンプライアンスコスト…………178

さ

サービスの提供……………………59
サービスの提供地…………………29
最終制度………………………7、170
財務、事業および組織的関係……97
三角取引課税…………………122、130
仕入税額控除………………………76
仕入税額控除の遮断…………90、96
事業活動中立………………………24
事業者概念…………………………52
事業遂行地…………………………118
実体要件……………………………107
仕向地原則……………………27、121
宿泊サービス………………………154
主要法………………………………6

203

少額不追及……………………………67
小規模事業者…………………………69
消費地課税原則………………………32
処分権の移転…………………………62
新規の輸送手段の提供……………105
垂直的統合……………………………78
制度ギャップ………………………159
税負担調整行為………………………40
税務代理人…………………………122
税率構造……………………………140
先決裁定………………………………10
船舶内の食事提供…………………146
倉庫…………………………………129
即時控除………………………………78
租税回避一般否認規定………………40
租税特典………………………………40

た

対価……………………………………47
タックス・オン・タックス効果……77
脱税…………………………………159
仲介取引………………………………63
中規模事業者…………………………71
中古品販売取引………………………65
中小事業者……………………………67
中立原則………………………………22
徴税コスト…………………………179
直接かつ直結した関係………………82
電子申告……………………………185
電子通信サービス取引……………111
電信電話デジタルサービス…………33
伝統的付加価値税…………………181

な

内容の完全性………………………135
二重の合理性テスト…………………41
納税義務者……………………………44
納税代理人…………………………105

は

派生法…………………………………6
非課税制度……………………………90
平等原則………………………………26
フェアで簡素な付加価値税………196
付加価値税委員会……………………97
付加価値税グループ…………38、96
付加価値税情報交換制度……111、174
付加価値税指令………………………2
付加価値税番号……………………109
複数税率……………………………140
物品の提供……………………………59
法の濫用禁止原則……………21、35
ポーピッツ……………………………11

ま・や

マージン課税…………………64、196
ミニ・ワンストップショップ制度
　　　　　　　　　　　…111、120
物・人・サービス・資本の自由
　移動原則……………………………19
ユーロフィスク………………172、174

ら・わ

リアルタイムシステム……………197
リバースチャージ方式
　　　……………………119、129、161
流通経路………………………………55
旅行代理取引…………………………64
連鎖取引……………………………131
ワンストップショップ制度
　　　………………111、120、173、196

＜アルファベット順＞

authenticity of the origin…………135
efficient VAT…………………………179
EU機能条約……………………………6
EU条約…………………………………6
Eurofisc………………………172、174
fixed establishment…………118、123
Halifax事件……………………………35
hidden VAT……………………65、93
integrity of the content……………135
intra-Community distance sales……111
Johannes Popitz………………………11
Kittel事件………………………81、165
Marks & Spencer事件………………147
modern VAT…………………………181
MOSS……………………………111、120
OECDの付加価値税ガイドライン
　　　……………………………………121
OSS………………111、120、173、196
pro rata deduction……………………87
QRM……………………………165、176
Quick Fixes…………………………135
SMEs……………………………………68
supply of goods………………………59
supply of services……………………59
tax evasion…………………………168
tax fraud……………………………168
traditional VAT……………………181
triangulation…………………123、130
VATギャップ………………………159
VIES……………………………111、174

205

著者略歴

西山　由美（にしやま・ゆみ）

1959年東京都生まれ。
慶應義塾大学法学部法律学科卒業。慶應義塾大学法学研究科後期博士課程単位取得退学。
跡見学園女子大学文学部専任講師、東海大学法学部教授を経て、現在、明治学院大学経済学部教授。2005年から2006年までハンブルク財政裁判所およびハンブルク大学国際租税研究所訪問研究員。

欧州付加価値税の論点　　　令和6年12月1日　初版発行

検印省略

　　　　　著　者　西　　山　　由　　美
　　　　　発行者　青　　木　　鉱　　太
　　　　　編集者　岩　　倉　　春　　光
　　　　　印刷所　東　光　整　版　印　刷
　　　　　製本所　国　　　宝　　　社

〒101-0032
東京都千代田区岩本町1丁目2番19号
https://www.horei.co.jp/

（営　業）　TEL　03-6858-6967　　Eメール　syuppan@horei.co.jp
（通　販）　TEL　03-6858-6966　　Eメール　book.order@horei.co.jp
（編　集）　FAX　03-6858-6957　　Eメール　tankoubon@horei.co.jp

（オンラインショップ）　https://www.horei.co.jp/iec/
（お詫びと訂正）　https://www.horei.co.jp/book/owabi.shtml
（書籍の追加情報）　https://www.horei.co.jp/book/osirasebook.shtml

※万一、本書の内容に誤記等が判明した場合には、上記「お詫びと訂正」に最新情報を掲載しております。ホームページに掲載されていない内容につきましては、FAXまたはEメールで編集までお問合せください。

- 乱丁、落丁本は直接弊社出版部へお送りくださればお取替えいたします。
- [JCOPY]〈出版者著作権管理機構 委託出版物〉
本書の無断複製は著作権法上での例外を除き禁じられています。複製される場合は、そのつど事前に、出版者著作権管理機構（電話03-5244-5088、FAX 03-5244-5089、e-mail: info@jcopy.or.jp）の許諾を得てください。また、本書を代行業者等の第三者に依頼してスキャンやデジタル化することは、たとえ個人や家庭内での利用であっても一切認められておりません。

Ⓒ Y.Nishiyama 2024. Printed in JAPAN
ISBN 978-4-539-73069-0

書籍のご案内

附帯税の理論と応用
実務の処方箋

青木 丈・野一色直人【共著】
A5判 276頁 定価2,970円（税込）

その附帯税、本当に納める必要ありますか？

　税務調査や租税争訟の場で、本税とは別に附帯税が争点となり得ることを税務代理人は意識すべきであるが、申告納税制度で例外的に申告納税方式がとられていない附帯税については、税理士でも知識を欠いている場合が少なくない。

　そこで本書は、附帯税である延滞税・利子税・過少申告加算税・無申告加算税・不納付加算税・重加算税の仕組みと賦課のメカニズムを詳しく解説する。各章ごとに理論編と応用編を設け、前者では各制度の仕組みや趣旨を解説し、後者では質疑応答形式で具体例を踏まえた検討を展開している。

　税務の現場において、冒頭の疑問を解決する"処方箋"となる一冊だ。

CONTENTS
第1章　附帯税の意義～総論
第2章　延滞税・利子税
第3章　過少申告加算税
第4章　無申告加算税
第5章　不納付加算税
第6章　重加算税
第7章　附帯税と処分・争訟
補　章　法令・判例等の調べ方

書籍のご注文は株式会社日本法令　出版課通信販売係または大型書店、Web書店まで
Tel：03-6858-6966　　Fax：03-6858-6968